Renate Göckel

Was Hochsensible glücklich macht

W0229330

Das Buch

Viele Frauen gelten als schüchtern oder zickig, wenn sie weniger belastbar und weniger gesellig sind als andere. Dabei haben Sie lediglich einen eingebauten Verstärker, ein besonders scharfes Auge, eine feine Nase, einen untrüglichen Geschmack, ein Gespür für Zwischentöne, niedrige Reizschwellen: Sie sind sehr empfindsam. Und Sensibilität ist keine Krankheit, sondern eine seelische Eigenschaft. Diese besondere Eigenschaft hat – wahrscheinlich, denn genaue Erhebungen gibt es noch nicht – etwa jeder 5. Mensch. Renate Göckel zeigt, was ausgeprägt sensible Menschen auszeichnet, wie sie Eindrücke und Reize verarbeiten, wie sie Überreizungen vorbeugen oder mit ihnen umgehen können. Ein Buch für Hochsensible und ihnen nahe stehende Menschen, das die Augen öffnet dafür, was Menschen mit sehr zarter, dünner Haut glücklich macht.

Die Autorin

Renate Göckel ist Psychologin und Verhaltenstherapeutin. In ihrer eigenen Fachpraxis in Karlsruhe arbeitet sie seit vielen Jahren insbesondere mit Frauen mit Essproblemen und mit hochsensiblen Menschen.

Bei Herder spektrum liegt von der Autorin außerdem vor: Immer Lust auf immer mehr. Wenn Essen zum Problem wird.

Renate Göckel

Was Hochsensible glücklich macht

Leben mit einer seelischen Begabung

HERDER

FREIBURG · BASEL · WIEN

HERDER spektrum Band 6293

MIX
Papier aus verantwor-
tungsvollen Quellen
FSC® C083411

2. Auflage 2013

Titel der Originalausgabe: Die Erbsenprinzessin
© Verlag Kreuz GmbH & Co. KG Stuttgart, 2004
ISBN 978-3-7831-2460-3

© Verlag Herder GmbH, Freiburg im Breisgau 2011
Alle Rechte vorbehalten
www.herder.de

Umschlagkonzeption und -gestaltung:
R·M·E Eschlbeck / Hanel / Gober
Umschlagfoto: © plainpicture
Foto Renate Göckel: © Atelier Rossney

Satz: Rund ums Buch – Rudi Kern, Kirchheim/Teck
Herstellung: CPI – Clausen & Bosse, Leck
Printed in Germany

ISBN 978-3-451-06293-3

Inhalt

Vorwort

Wenn Ihr Gegenüber mehrmals ausgiebig gähnt – steckt Sie das dann an? Wenn ja, ist die Wahrscheinlichkeit, dass Sie einfühlsam und sensibel sind, sehr hoch.

So fand ein Forscherteam im US-Staat Philadelphia heraus, dass Menschen, die häufig mitgähnen, die Stimmungen ihres Gegenübers deutlich besser einschätzen können als andere.

Viele empfindsame und hochsensible Menschen wissen gar nicht, dass sie hochsensibel sind. Sie halten sich für labil, zickig, schwach, gefühlsduselig oder neurotisch.

Als ich etwa vier Jahre alt war, spielte ich am unteren Ende der Straße mit Nachbarskindern. Es war ein heißer Sommertag und ich war so ins Spiel vertieft, dass ich es nicht merkte, als ein Gewitter aufzog. Der erste Donnerschlag überraschte mich dermaßen, dass ich in Panik alles stehen und liegen ließ und laut schreiend die Straße entlang nach Hause lief. Meine Mutter, die gerade Fenster putzte, klärte mich ganz gelassen auf, dass es nur ein Gewitter sei. Die anderen Kinder hatten nicht so verschreckt reagiert. Erst da fiel mir auf, dass ich als Einzige nach Hause gelaufen war. Das war eine hochsensible Reaktion.

»Schreckhaft«, dürfte meine Familie damals gesagt haben. Stimmt ja auch. Aber nicht nur. Wäre es ein gefährlicher Knall gewesen, wäre meine Reaktion vollkommen adäquat gewesen. Vielleicht hätte ich dann gar als Einzige überlebt?

In den Medien und in den Buchläden kommt die Sensibilität als Thema (noch) nicht vor. Die Allgemeinheit hat noch kein Bewusstsein dafür und versieht entsprechende Verhaltensweisen mit dem Etikett »schüchtern«.

Hochsensibel zu sein heißt jedoch mehr – viel mehr.

Und weil es für die Sensiblen in meiner Umgebung (und auch für mich natürlich) auf Deutsch nichts zu lesen gab, was unsere Sensibilität gewürdigt hätte, machte ich mich selbst ans Werk, um diesen unhaltbaren Zustand zu ändern.

Dabei haben mir sehr viele hochsensible Frauen geholfen: 17 Frauen, indem sie Fragebögen ausgefüllt haben, und sicherlich noch einmal so viele, deren offene und mutige Nabelschau ich dann zu meinem »Versuchskaninchen Elsie O.« destilliert habe. Danke euch allen!

Ursula Mayer danke ich für ihre stimmungsvollen Gedichte, die sie mir freundlicherweise zur Verfügung gestellt hat.

Herrn Dr. Thomas Tilcher, meinem Lebensgefährten Dr. Peter Kleesz und unserem Sohn Matthias vielen Dank für alle Unterstützung in Wort und Tat.

Übrigens, hochsensibel zu sein ist gesund: Waghalsige brechen sich früher das Genick. Wenn am Ende dieses Buches Ihre Sensibilität Ihre allerbeste Freundin geworden ist, dann hat es sein Ziel erreicht!

Ihre Renate Göckel

Die Prinzessin auf der Erbse

Sommerschlussverkauf im Kaufhaus.

Bei drückender Hitze drängen sich zehn Frauen in einer Warteschlange um den Ladentisch. Als ich endlich die Übernächste bin, lässt sich die Kundin vor mir einen Kinderschlafanzug geben.

Sie tastet ihn mit den Händen kurz ab. Dann zippt sie den Reißverschluss auf und befühlt bedächtig alle Innennähte. Sie erspürt die Qualität des Fadens. Weiche Baumwolle oder pieksendes Polyacryl? Das Etikett im Kragen erregt ihre volle Aufmerksamkeit. Sie dreht und wendet es, presst von vorne, von hinten und von der Seite. Abschließend streicht sie langsam mit dem Handrücken über das Etikett und das gesamte innere Rückenteil.

»Der ist zu kratzig«, meint sie nachdenklich. »Den zieht meine Tochter nicht an. Außerdem verläuft die Naht den Rücken hinunter und meine Tochter ist Rückenschläferin. Die Naht drückt zu sehr. Haben Sie vielleicht noch andere Modelle?«

Mit diesen Worten reicht sie der erstaunt blickenden Verkäuferin den Anzug zurück.

Mit einem verhaltenen Seufzer holt diese zwei weitere Schlafanzüge aus dem Regal: einen zweiteiligen und einen mit der Knopfleiste vorne.

Die Kundin sortiert den zweiteiligen sofort aus. »Der hat ein zu wulstiges Bündchen in der Taille. Das stört. Außerdem liegt sie sich den Bauch frei und erkältet sich dann leicht.«

11

Die ganze Warteschlange hört inzwischen interessiert zu.
Die Kundin fängt auch schon an, den zweiten zu befingern. Die Verkäuferin rollt genervt die Augen. Ich amüsiere mich, weil mir das Ganze so bekannt vorkommt.

»Den nehme ich!«, sagt die Kundin entschlossen, »aber ich brauche ihn eine Nummer größer. Mit mehr Platz zum Ausstrecken.«

Im Gesicht der Verkäuferin zuckt es leicht. Aus der Schlange kommt ein Stöhnen. Die Verkäuferin verschwindet mit energisch klackenden Absätzen im hinteren Ladenraum. Irgendwann tönt es von dort: »In der nächsthöheren Größe gibt es ihn aber nicht mehr!«

»Oh«, meint die Kundin, »das ist aber schade. Vielleicht nehme ich dann doch lieber ein Nachthemd?«

Die Verkäuferin klackt zurück, reißt mit zackigen Bewegungen drei Nachthemden von den Bügeln und meint beherrscht: »Die dürfen Sie alle durchtesten. Aber ich möchte bitte inzwischen weiterbedienen«.

Wie hätten Sie sich als Kundin gefühlt? Hätten Sie den Mut und die Geduld dieser Mutter aufgebracht? Oder hätten Sie eher grollend einen der vorhandenen Schlafanzüge mitgenommen und innerlich über das »zickige Gör« lamentiert?

Dieses »zickige Gör« ist höchstwahrscheinlich eine »Prinzessin auf der Erbse«. Und die Mutter höchstwahrscheinlich ebenso, denn sie brachte unendlich viel Geduld auf und wusste genau, an welchen Stellen der Schlafanzug Probleme machen könnte. So, wie die Erbse jener Prinzessin zugesetzt hatte, die wir alle aus dem Märchen kennen.

Hier noch einmal ihre Geschichte:

Es war einmal ein Prinz, der wollte eine Prinzessin heiraten, aber es sollte eine wirkliche Prinzessin sein. Da reiste er in der ganzen Welt umher, um eine solche zu finden, aber überall stand dem etwas entgegen. Prinzessinnen gab es genug, aber ob es wirkliche Prinzessinnen waren, konnte er nicht herausbringen. Immer gab es etwas, was nicht in Ordnung war. Da kam er dann wieder nach Hause und war traurig, denn er wollte doch gar zu gern eine wirkliche Prinzessin haben.

Eines Abends zog ein schreckliches Gewitter auf; es blitzte und donnerte, der Regen strömte herunter, es war entsetzlich! Da klopfte es an das Schlosstor und der alte König ging hin, um aufzumachen.

Es war eine Prinzessin, die draußen vor dem Tore stand. Aber, o Gott, wie sah die von Regen und dem bösen Wetter aus!

Das Wasser lief ihr von den Haaren und den Kleidern herunter; es lief in die Spitzen der Schuhe hinein und an den Hacken wieder heraus. Und doch sagte sie, dass sie eine wirkliche Prinzessin sei.

Ja, das werden wir schon erfahren! Dachte die alte Königin. Aber sie sagte nichts, ging in die Schlafkammer hinein, nahm alle Betten ab und legte eine Erbse auf den Boden der Bettstelle, darauf nahm sie zwanzig Matratzen und legte sie auf die Erbse und dann noch zwanzig Eiderdaunenbetten auf die Matratzen. Darauf musste die Prinzessin die ganze Nacht liegen. Am Morgen wurde sie gefragt, wie sie geschlafen habe.

»Oh schrecklich schlecht!«, sagte die Prinzessin. »Ich habe meine Augen fast die ganze Nacht nicht geschlossen! Gott weiß, was da in meinem Bett gewesen ist! Ich habe auf etwas Hartem gelegen, sodass ich ganz braun und blau über meinen ganzen Körper bin! Es ist entsetzlich!«

Nun sahen sie ein, dass es eine wirkliche Prinzessin war, weil sie durch die zwanzig Matratzen und die zwanzig Eiderdaunenbetten hindurch die Erbse verspürt hatte. So empfindlich konnte niemand sein als eine wirkliche Prinzessin.

Da nahm der Prinz sie zur Frau, denn nun wusste er, dass

er eine wirkliche Prinzessin besitze; und die Erbse kam auf die Schlossmuseen, wo sie noch zu sehen ist, wenn niemand sie gestohlen hat.

Sieh, das ist eine wahre Geschichte.

Was uns der Erbsentest verrät

Es spricht einiges dafür, dass die Prinzessin auf der Erbse hochsensibel war.

Wenn sie die Erbse unter den »zwanzig Matratzen und zwanzig Eiderdaunenbetten« hindurch spüren konnte, dann war ihre Reizschwelle zwangsläufig sehr niedrig. Niedrige Reizschwellen sind typisch für Hochsensible.

Charakteristisch ist auch der Umgang mit dieser niedrigen Reizschwelle. Anstatt sich in ihr Elend hineinzusteigern, hätte die Prinzessin sich theoretisch auch sagen können: »O.k., es ist recht unbequem, aber ich will trotzdem versuchen zu schlafen.«

Stattdessen hat sie »die Augen fast die ganze Nacht nicht geschlossen«.

Das spricht für Überstimulation und Übererregung, worunter Hochsensible bei Reizüberflutung schnell leiden, denn sie besitzen ein hoch reagibles Nervensystem, das bei der kleinsten Unregelmäßigkeit sofort Alarm schlägt.

Eine Reizüberflutung mündet bei Hochsensiblen rasch in einen Kontrollverlust, ein Gefühl des Überwältigtseins. »Gott weiß, was da in meinem Bett gewesen ist!«, lamentiert die Prinzessin. Jammern und klagen ist eine häufige Reaktion, wenn sich jemand überfordert vorkommt, weil er sich ohnmächtig fühlt.

Leider ist der Umgang der Prinzessin mit ihrer hohen Sensibilität für heutige Verhältnisse nicht vorbildlich. Sie suhlt sich in ihrem Elend und schlägt sich leidend die Nacht um die Ohren.

Hätte sie nicht nach einem Lakaien klingeln können, der die Erbse entfernt hätte? Oder hätte sie nicht gar selbst tatkräftig unters Bett greifen und die Erbse beseitigen können? So würden wir heutigen Frauen das machen.

Für unsere Prinzessin hingegen hat die Sache damals sicher anders ausgesehen. Als Prinzessin »von hohem Geblüt« dachte sie vermutlich in etwa so:

Sollte sie gar selbst – wie eine gewöhnliche Dienstmagd – auf Knien auf dem Boden rutschen und das harte Ding ausfindig machen?

Nein, das war für eine echte Prinzessin gewiss nicht standesgemäß. Es galt, Contenance zu wahren und sich in sein Schicksal zu ergeben, auch wenn sie von diesem harten Etwas grün und blau gedrückt würde!

So, wie sie sich in ihr Schicksal ergab und den Prinzen heiratete, ohne um ihre Meinung gefragt zu werden. Schließlich war es doch auch in ihrem Sinne, einem echten Prinzen zur Frau gegeben zu werden, denn nur dieser konnte ihr ein standesgemäßes Leben mit dem richtigen gesellschaftlichen Umfeld ermöglichen. Konnte man denn als Prinzessin etwas anderes erwarten, als aus dynastischen Gründen verheiratet zu werden und dann viele Kinder zu bekommen? Immer in der Hoffnung, dass wenigstens ein männlicher Thronerbe so lange lebte, bis er selber männliche Erben hatte?

Nein, so schlimm würde ihr Schicksal bestimmt nicht aussehen, denn die künftige Schwiegermutter erkannte sie als standesgemäß an. Von ihr hatte sie wenigstens in dieser Hinsicht keine Repressalien zu erwarten. Und das war doch schon viel!

Selbstständigkeit, Eigensinnigkeit und Tatkraft waren bestimmt keine Tugenden für Prinzessinnen im 18. und 19. Jahrhundert.

»Echte, wirkliche Prinzessinnen« mussten hochsensibel und gefügig sein – das ist die Botschaft der Geschichte.

Und die Prinzessin war sehr stolz darauf, denn als Prinzessin konnte sie es sich leisten, hochsensibel zu sein.

Ja, leisten! Eine Magd oder eine Bäuerin oder später eine Arbeiterin mussten sich schon immer »zusammenreißen« und ihre Sensibilität unterdrücken oder sie in geschützten Bereichen ausleben.

Leider wissen die meisten Hochsensiblen gar nicht, dass sie hochsensibel sind. Sie spüren nur, dass sie empfindlicher und empfindsamer sind als andere Menschen und sich ab und zu zurückziehen müssen, dass ihnen Trubel schnell zu viel wird, dass sie weniger aushalten – in manchen Bereichen, dass sie manchmal »merkwürdig« reagieren und an Dingen keinen Spaß haben, an denen ihr Nachbar Spaß hat.

Wenn Sie wissen, dass sie hochsensibel und nicht einfach »schüchtern«, »eingebildet«, »ängstlich«, »scheu«, »neurotisch«, »feige« oder »schwach« sind, dann können Sie mit ihrer Veranlagung ganz anders umgehen. Sie können besser zu ihr stehen, sich besser verteidigen und – ganz wichtig – für sich selbst viel früher Freiräume schaffen.

Und ob Sie dann mit Ihrer hohen Sensibilität – wie die Prinzessin auf der Erbse – den richtigen Mann finden oder lieber Ihr Leben selbst anpacken und die Erbse entfernen wollen, das bleibt Ihr Geheimnis.

Auch hochsensibel?

Nein, hohe Sensibilität ist keine Krankheit und auch kein Makel. Es ist eine seelische Eigenschaft, mit der nach Schätzung der amerikanischen Psychotherapeutin und Sensibilitätsforscherin Elaine Aron circa 20 Prozent der Bevölkerung geboren werden. Diese Zahlen beziehen sich nur auf die USA, für Deutschland gibt es keine Zahlen.

Hohe Sensibilität ist hierzulande wissenschaftlich noch nicht als eigenständiges Persönlichkeitsmerkmal erfasst, sondern wird mit Schüchternheit und Introversion in einen Topf geworfen.

Aron geht davon aus, dass 70 Prozent der Hochsensiblen auch introvertiert sind – das heißt aber gleichzeitig, dass 30 Prozent eben nicht introvertiert sind. Von den Introvertierten sollen wiederum 70 Prozent hoch intelligent sein. Dies leuchtet ein, denn hohe Intelligenz geht auch mit differenziertem Denken einher.

Es gibt noch sehr wenig Literatur über Hochsensible, dafür aber umso mehr Vorurteile und Verkennungen, wie wir noch sehen werden.

Elaine Aron selbst gehört zu den Hochsensiblen. Sie hielt sich ihr ganzes Leben lang für »anders« – weniger belastbar, weniger gesellig –, und sie machte mehrere Jahre lang eine Psychotherapie. Als sie dann selber Psychotherapeutin wurde, entdeckte sie an vielen ihrer Patienten Verhaltens- und Denkweisen, die sie von sich selber kannte. Und siehe da, sie erkannte allmählich ihren Wert für sich und die Gesellschaft. Sie nennt die weniger Sensiblen die »Krieger« und die Hochsensiblen die »spirituellen Ratgeber«.

Elaine Aron hat einen Selbsttest für hohe Sensibilität entwickelt. Diesem Fragebogen habe ich noch einige eigene Fragen zur Differenzierung hinzugefügt.

Selbsttest

1. *Ich werde leicht von den Stimmungen anderer angesteckt.*   Stimmt ☐   Stimmt nicht ☐

2. *Ich fahre ungern Auto in fremden Städten.*
   Stimmt ☐   Stimmt nicht ☐

3. *Ich bin sehr schmerzempfindlich.*
   Stimmt ☐   Stimmt nicht ☐

4. *Schöne Musik bewegt mich tief.*
   Stimmt ☐   Stimmt nicht ☐

5. *Ich bin gewissenhaft.*
   Stimmt ☐   Stimmt nicht ☐

6. *Ich möchte gern alles richtig machen.*
   Stimmt ☐   Stimmt nicht ☐

7. *Filme mit Gewalt- oder Horrorszenen meide ich.*
   Stimmt ☐   Stimmt nicht ☐

8. *Ich bin froh, wenn die Verkehrsampel auf rot springt, so kann ich mich kurz orientieren.*
   Stimmt ☐   Stimmt nicht ☐

9. *Ich bin leicht zu überrumpeln.*
   Stimmt ☐   Stimmt nicht ☐

10. *Wenn ich mehrere Dinge gleichzeitig erledigen muss, komme ich leicht ins Schleudern.*
    Stimmt ☐   Stimmt nicht ☐

11. *Ich bin schreckhaft.*   Stimmt ☐   Stimmt nicht ☐

12. Ich mag keine Feste, auf denen ich niemanden kenne.

Stimmt ☐ Stimmt nicht ☐

13. Ich werde schnell überwältigt von grellem Licht, starken Gerüchen oder lauten Geräuschen.

Stimmt ☐ Stimmt nicht ☐

14. Wenn viel los war, muss ich mich an einen ruhigen Platz zurückziehen, um wieder zu mir zu kommen.

Stimmt ☐ Stimmt nicht ☐

15. Ich habe eine lebhafte Fantasie und mir fällt immer etwas ein.

Stimmt ☐ Stimmt nicht ☐

16. Ich bemerke, wenn Bilder an der Wand schief hängen oder Kerzen nicht ganz gerade stehen.

Stimmt ☐ Stimmt nicht ☐

17. Druckfehler finde ich schnell.

Stimmt ☐ Stimmt nicht ☐

18. Ich war als Kind schüchtern.

Stimmt ☐ Stimmt nicht ☐

19. Ich bemerke, wenn die Teppichfransen durcheinander sind.

Stimmt ☐ Stimmt nicht ☐

20. Ich hasse es, wenn ich angeglotzt werde.

Stimmt ☐ Stimmt nicht ☐

21. Es gibt viele Nahrungsmittel, die ich nicht mag.

Stimmt ☐ Stimmt nicht ☐

22. *Hunger halte ich nur schwer aus.*

Stimmt ☐   Stimmt nicht ☐

23. *Große Veränderungen in meinem Leben erschüttern mich tief.*

Stimmt ☐   Stimmt nicht ☐

24. *Auf der Straße finde ich häufig kleine Dinge (Münzen, Knöpfe o. ä.).*

Stimmt ☐   Stimmt nicht ☐

25. *Ich ziehe Kleidungsstücke mit kratzigen Nähten oder scheuernden Etiketten nicht oder sehr ungern an.*

Stimmt ☐   Stimmt nicht ☐

26. *Ich achte darauf, dass meine Kleidung farblich gut zusammenpasst.*

Stimmt ☐   Stimmt nicht ☐

27. *Ich kann gut zuhören.*

Stimmt ☐   Stimmt nicht ☐

28. *Ich mag in jeder Hinsicht die zarten Töne.*

Stimmt ☐   Stimmt nicht ☐

29. *Ich weiß bei Menschen und Tieren, die sich unwohl fühlen, oft, was sie brauchen.*

Stimmt ☐   Stimmt nicht ☐

30. *Mir ist es lieber, wenige gute Freunde zu haben als viele lockere und eher oberflächliche Bekanntschaften.*

Stimmt ☐   Stimmt nicht ☐

Auswertung

Wenn Sie von diesen 30 Fragen mindestens 17 mit ja beantwortet haben, ist die Wahrscheinlichkeit, dass Sie hochsensibel sind, ziemlich groß. Willkommen im Club!

Wenn manche Punkte ganz stark auf Sie zutreffen, sind Sie möglicherweise ebenfalls hochsensibel. Die hohe Sensibilität muss sich nicht auf alle Bereiche gleichmäßig beziehen. Sie können das Buch in jedem Fall mit Gewinn lesen.

Woran erkennt man einen Hochsensiblen?

Zuerst fragte ich einen fast 70-jährigen und weit gereisten ehemaligen britischen Soldaten, den ich, ehrlich gesagt, nicht für besonders sensibel hielt: »Woran erkennst du einen hochsensiblen Menschen?«

»Ich schaue in den Spiegel, ha ha ha!«

Als er sich wieder beruhigt hatte, fügte er noch hinzu: »Die haben kein Vertrauen.«

Das leuchtete mir nicht ein. So bohrte ich weiter. »Das habe ich einfach beobachtet. Warum das so ist, weiß ich auch nicht«.

Ich behielt diese Aussage im Hinterkopf und fragte in meinem Fragebogen danach. Und ich erlebte eine riesige Überraschung: 16 von 17 Befragten bekannten sich dazu, oft misstrauisch zu sein. Misstrauisch sein heißt, vorsichtig sein, Dinge überprüfen und hinterfragen. Dies ist eine Interpretation von Misstrauen, die durchaus einleuchtet.

Es gibt jedoch noch eine andere Interpretation des Misstrauens, die mir erst beim Auswerten des Fragebogens klar wurde. Dieses andere Misstrauen hat mit schlechten Erfahrungen zu tun: mit den Erfahrungen, in seiner Sensibilität als Kind nicht gewürdigt worden zu sein, mit erfahrenen Hänseleien und dem Ausschluss aus der Gemeinschaft. Dieses andere Misstrauen hat also seinen guten Grund in schlechten Erfahrungen.

Nun fragte ich Frauen, die selber hochsensibel sind, woran sie denn ein hochsensibles Gegenüber erkennen.

»Mir genügt ein Augenkontakt, der zeigt, dass der andere ähnlich empfindet. Es ist eher jemand, der schweigt und wahrnimmt.«

»Eine eher introvertierte Person, die gut beobachtet, wenig sagt, aber mehr mitkriegt, als man ihr zutraut. Das merkt man daran, dass sie eher nebensächliche Dinge geschickt miteinander kombinieren kann.«

»Der Hochsensible macht sich viele Gedanken, hinterfragt und ist tiefgründig. Er hat hohe ethische Normen und ein eher niedriges Selbstwertgefühl.«

»Er ist verletzbar und sehr hilfsbereit. Er kann Bitten schlecht ablehnen.«

»Er ist jemand, der die Signale seiner Umwelt deutlicher empfängt.«

»Durch sein Einfühlungsvermögen erkenne ich ihn, daran, dass er gut zuhören kann. Die Dinge sind ihm nicht egal, weil er nicht oberflächlich ist.«

»Er ist einfühlsam und weiß sofort, in welcher Gefühlslage man sich befindet.«

Eine der hochsensiblen Frauen hat Hochsensible besonders eindrucksvoll beschrieben:

»Ich denke, ich erkenne Hochsensible daran, dass sie sehr einfühlsam, offen und warmherzig sind. Bei solchen Menschen fühle ich mich verstanden und gemocht. Sie erkennen ohne Worte, wie es dem Gegenüber geht, und spüren, was los ist. Sie strahlen eine ruhige, warme Aura aus und reden nicht zu viel. Sie hören zu, wenn man reden will, oder geben einem ein Geborgenheitsgefühl, auch wenn man schweigen will. Sie sind herzlich und achten und respektieren den anderen, so wie er ist. Wenn sie einem in die Augen sehen, ist es, als würden sie in der Seele des anderen lesen, und trotzdem ist ihr Blick nicht unangenehm oder bedrohlich, sondern zart, warm und verstehend. Sensible können einfach genial auf Menschen eingehen und sich in sie einfühlen.«

So wie Elsie.

Elsie O., 38, hochsensibel

Als ich mein »Versuchskaninchen« Elsie O. einmal fragte, wie sie ihre Sensibilität empfinde, gab sie mir diese Antwort:

»Sehr zwiespältig. Als Kind galt ich als Heulsuse und als sehr empfindlich. Dieses Etikett ›empfindlich‹ hat mich lange Zeit begleitet und meine Umwelt sah es immer als extrem negativ an. Weil ich als Kind sehr scheu war, schnell weinte, vor vielem Angst hatte, nicht alles anziehen und nicht alles essen wollte, galt ich immer als ›schwierig‹. Und ich wurde nicht ganz für voll genommen. Ich galt als ›begriffsstutzig‹, weil ich nicht immer gleich wusste, was die anderen meinten, und weil mir die Pointen vieler Witze nicht einleuchteten. Da ich irgendwann selbst glaubte, dass ich ›komisch‹ bin, war mein Selbstbewusstsein immer sehr schlecht ausgeprägt.«

Alles an Elsie wirkt bescheiden. Die aschblonden, kinnlangen Locken, das ungeschminkte Gesicht, die Kleidung in Blautönen, der dezente Silberschmuck. Nichts Schrilles, das schreit: Hier bin ich! Schau mich an! Lediglich Elsies babyblaue Augen setzen einen lebhaften Akzent. Ihr hellwacher Blick hat etwas Hypnotisches. Elsie weiß das. Und so muss sie immer wieder den Blick abwenden, um sich nicht zu verlieren.

»Erst in der letzten Zeit habe ich angefangen, meine so genannte Empfindlichkeit als Empfindsamkeit und Feinfühligkeit zu sehen. Grund dafür ist meine vierjährige Tochter, die ebenfalls sehr sensibel ist und die in der Außenwelt zunehmend mit den gleichen Schwierigkeiten kon-

23

frontiert wird wie ich damals. Nur kann ich zum Glück anders darauf reagieren als meine Eltern damals ...

Als ich vor einem Jahr mit meiner Tochter den Antrittsbesuch im Kindergarten gemacht habe, gab sie sich sehr scheu. Sie wollte auf meinen Arm, während die anderen Neulinge schon munter überall herumrannten. Ich habe Kathrin dann fast die ganze Zeit herumgetragen. Die Kindergärtnerinnen und die anderen Mütter machten mir Druck, das Kind endlich ›herunterzulassen‹. So als ob ich Kathrin festhalten würde. Ich spürte aber ganz genau, dass sie noch kein Vertrauen hatte, und gab ihr Zeit, selber zu bestimmen, wann sie vom Arm herunter wollte. Ich habe gleich gemerkt, dass auch die Erzieherinnen weder Kathrin noch mich verstehen konnten. Und das machte mich traurig und ich ahnte nichts Gutes.«

Elsie wird in diesem Buch viele hochsensible Details aus ihrem Leben mit uns teilen. Elsie ist Ergotherapeutin und seit sechs Jahren mit Werner, einem Techniker, verheiratet. Werner ist nicht besonders sensibel, was Elsie gut findet, da er »oft ein Fels in der Brandung« für sie ist. Andererseits nervt er sie auch manchmal ganz schön mit seiner Nüchternheit und seinem Optimismus. Nachdem Tochter Kathrin dann tatsächlich ganz von alleine vom Arm heruntergekommen war und nun selbstständig in den Kindergarten geht, ist Elsie halbtags in einer Klinik tätig. Sie muss also täglich mit Kind, Mann, Haushalt und Beruf zurechtkommen. Manchmal hintereinander, manchmal mit allem gleichzeitig. Und das schafft sie mal mehr und mal weniger gut.

Aber immer auf typisch hochsensible Art und Weise.

Niedrige Reizschwellen – oder was Hochsensible auszeichnet

Ein eingebauter Verstärker

»Der Mann zuckt heftig zusammen, als der Schaffner in die Trillerpfeife bläst. Die anderen Passagiere scheinen den schrillen Pfiff gar nicht zu hören. Er lächelt, verharrt aber noch eine Sekunde, ehe er die Hand ausstreckt. Dann eine herzliche Begrüßung mit leichtem amerikanischem Akzent: ›Ich bin Appletree‹, sagt der grau melierte Texaner aus Tübingen.

›Brrr, hier ist es aber kalt! Jetzt trinken wir erstmal eine Tasse Kaffee, das macht mich munter nach der langen Fahrt.‹«

So beginnt ein Artikel über Hochsensible in einer psychologischen Zeitschrift. Und diese Einleitung enthält bereits wichtige Merkmale der Hochsensibilität.

Zuerst fällt die Lärmempfindlichkeit auf. Wer sozusagen stets seinen eingebauten Verstärker mit sich herumschleppt, ist naturgemäß auch schreckhaft. Etwa so, wie wenn man ein altes Radio einschaltet, dessen Lautstärkeregler man zuvor auf die lauteste Stufe gedreht hatte. Erst Ruhe – und plötzlich plärrt es mit voller Lautstärke los. Zum Zusammenfahren!

Interessant ist auch, dass die anderen Passagiere vom lauten Pfiff des Schaffners keine besondere Notiz genommen haben. Mir fällt es immer auf, wenn ein Martinshorn in meiner unmittelbaren Nähe aufjault. Ich halte mir meist als Einzige die Ohren zu.

Leider spricht unsere Sprache von »lärmempfindlich«

und nicht von »lärmempfindsam«. Das Wort »empfindlich« hat einen abwertenden Beiklang. Empfindlich heißt
immer gleich »viel zu empfindlich«.

Wegen unserer niedrigen Reizschwellen gelten viele
von uns als zickig, kompliziert, leicht störbar und wenig
belastbar. Davon konnte auch der Königsberger Philo-
soph Immanuel Kant (1724–1804) ein Lied singen. »Der
sensible Geistesarbeiter fühlte sich leicht gestört: Hatte
ihm in der früheren Mietwohnung ein frecher Hahn zwischen die Gedanken gekräht, so klagte Kant nun dem
Bürgermeister Hippel über Häftlinge, die im nahegelege-
nen Gefängnis allzu gern und vernehmlich fromme Lieder
schmetterten. Dann wieder miaute ihm die Katze seiner
Köchin zu laut.«

Empfindsam zu sein heißt zartfühlend sein. Zwischen
»empfindlich« und »empfindsam« liegt vor allem die Bewertung.

Dass Lärm nicht nur Sensible krank macht, wissen wir
schon. Wer sensibler ist, merkt dies einfach schon, bevor
Schäden auftreten. Dass Lärm auch dumm macht, hat
Kant vielleicht schon geahnt. Die Wissenschaft kam allerdings erst vor kurzem darauf. An der University of Cali-
fornia wurde im Labor eine Gruppe neugeborener Ratten
einem so genannten »weißen Rauschen« ausgesetzt. Dies
entspricht circa 70 Dezibel, also normalem Umgebungs-
lärm. Obwohl direkte Schäden am Gehör nicht zu erkennen waren, hatte die Lärmbelastung doch einen wichtigen
Reifungsprozess in der Hörrinde der Jungratten verlang-
samt. Die noch ungeordneten Nervenzellen, die sich im
ersten Lebensmonat zu Neuronenverbänden zusammen-
schließen und selektiv auf bestimmte Frequenzen und
Lautmuster reagieren, taten dies bei den Versuchsratten-
babys nicht. Die Forscher schlossen daraus, dass das Gehirn – bei Ratten und bei Menschen – auf »klar struktu-
rierte Geräusche warte, um sich daran zu entwickeln«.

Dies hat sich in einer Untersuchung mit Schülern bestätigt: In New York wurde an einer Grundschule in Manhattan eine Studie an Zweit- bis Sechstklässlern zur Lesefähigkeit gemacht. Die Sechstklässler, deren Klassenzimmer sich näher bei den Bahngleisen befanden, lagen in der Lesefähigkeit im Durchschnitt um elf Monate hinter den Sechstklässlern aus ruhigeren Klassenzimmern. Daraufhin wurde von der städtischen Verkehrsbehörde an den Gleisen eine Geräuschdämmung angebracht. Bei einer Folgeuntersuchung hatten sich die Leistungen der Sechstklässler aus beiden Klassen einander angeglichen.

Das heißt, Lärm tut keinem gut. Aber Hochsensible wehren Lärm rascher und heftiger ab und schützen sich damit eher vor Schäden.

Ach, du Schreck!

Wir haben mehrere Wüstenrennmäuse in einem großen Terrarium. Immer wenn jemand ins Zimmer kommt, verschwinden alle blitzartig unter Deck, also unter einem Stück Rinde. Nach etwa zehn Sekunden, wenn sie gemerkt haben, dass keine Gefahr für Leib und Leben besteht, kommen alle wieder zum Vorschein. Wenn ich aber schnell zum Terrarium gehe und die Zeit nicht mehr zum Abtauchen reicht, verharren sie buchstäblich »mucksmäuschenstill« in ihrer Position, in der Hoffnung, dass ihre Tarnfarbe sie optisch in ihrer Umgebung aufgehen lässt. Bei Mäusen, die vielen Tieren als Beute dienen, ist der »Schreckreflex« lebensrettend. Ein Elefant hingegen, der wenige natürliche Feinde hat, muss nicht so schreckhaft sein.

Der Schreck gehört zu einem Frühwarnsystem, verbunden mit einer extrem schnellen Reaktion. Beim Zusammenfahren ziehen wir ruckartig das leicht verletzbare Genick ein und klemmen die Extremitäten an den Körper. Wir verkleinern dadurch unsere Angriffsfläche.

Ein hochreagibles Nervensystem kann nicht nur einer Maus, sondern auch einem Menschen das Leben retten. Aber es kann eben auch – wie bei den Schulkindern – vom Lehrstoff ablenken. Ganz nach dem Motto: Störungen haben Vorrang. Dass manch Hochsensibler mit seiner Schreckhaftigkeit seine Umwelt irritiert, hat oft noch einen anderen Grund.

»Wer erschrickt, hat ein schlechtes Gewissen, sagte meine Mutter immer. Diesen Spruch habe ich nie verstanden«, sagt Elsie, *»ich selbst erschrecke nicht nur, wenn etwas sehr laut ist, sondern vor allem, wenn ich in Gedanken bin und jemand sich mir nähert, den ich nicht gehört habe. Irgendwie fühle ich mich dann bedroht. Reflexartig bedroht, so als hätte der andere sich in böser Absicht herangeschlichen.«*

Manchmal lässt uns auch unsere gute Konzentrationsfähigkeit innerlich abtauchen. Bei dieser Art von Erschrecken handelt es sich eher um ein »Aufschrecken«.

Letzte Woche fuhr ich mit Mann und Sohn ins Allgäu. Neben unserer Pension lag das »Haus Allgaÿ«. Auf dem y befanden sich zwei Punkte, ein so genanntes Ypsilon ü. Dieses Ypsilon ü hatte ich in den Fünfzigerjahren in der Schule noch als normalen Buchstaben des Alphabets gelernt. Keiner in meinem Bekanntenkreis hat jemals vom Ypsilon ü gehört, und so freute ich mich, eines in dem Wort Allgaÿ zu entdecken. Nun überlegte ich, wie das Wort Allgäu wohl mit Ypsilon ü geklungen hat. (Es muss ein langer Laut gewesen sein, eine Mischung zwischen i und ü, so wie im Wort »bei«. Dies schrieb man früher »beÿ« (mit Ypsilon ü).

So sann ich also vor mich hin, und meine beiden Männer machten irgendwelche Pläne. Als sie mich fragten, was ich denn dazu meine, erschrak ich leicht. Ich hatte ihre Unterhaltung vollkommen ausgeblendet und hatte keine Ahnung, wovon sie geredet hatten. Ein solches Verhalten wirkt nach außen hin »verträumt«.

Der Blick auf die Zwischentöne

Wenn Ihre Umwelt Sie als »zickig« oder »übertrieben« bezeichnet, was Farbzusammenstellungen bei Ihrer Kleidung oder Ihrer Wohnungseinrichtung betrifft, dann erzählen Sie von Ihrem guten Geschmack oder von Ihrer äußerst leistungsfähigen optischen Wahrnehmung.

Ein Mensch nimmt wahr, indem er eine Gestalt vor einem Hintergrund erkennt. Einen schwarzen Punkt kann man auf einem schwarzen Hintergrund nicht erkennen. Wir sehen den Punkt nur, wenn der Hintergrund etwas heller ist. Zum Erkennen brauchen wir einen Kontrast. So ist es bei allen Reizen, egal ob es ums Sehen, Hören, Riechen, Schmecken oder Tasten geht. Man hört, riecht oder schmeckt vor einem Hintergrund.

Es ist sogar noch komplizierter: Vielleicht kennen Sie jene optischen Täuschungen mit dem Grauton, der neben einer weißen Fläche dunkler aussieht als neben einer schwarzen Fläche? Oder eine weiße Figur vor schwarzem Hintergrund, die größer wirkt als eine gleich große Figur in schwarz vor einem weißen Hintergrund? Es ist das gleiche Prinzip, nach dem schwarz schlank macht und weiß aufträgt.

Bei Hochsensiblen ist möglicherweise das Verhältnis von Hintergrund zu Gestalt anders als bei weniger Sensiblen. Entweder können Sensible die Gestalt besser »scharf« stellen oder den Hintergrund besser ausblenden. Oder gar beides gleichzeitig?

Meine eigenen Beobachtungen zeigen, dass Hochsensible die Gestalt scharf stellen, wenn diese als »anders«, »fremd« und damit als »merk-würdig« bewertet wird. Also wenn sie es »wert« ist, bemerkt zu werden. Und als merkwürdig gilt nur etwas, was in irgendeiner Art besonders ist.

Die Verstärker im optischen Bereich sind die Lupe und das Mikroskop. Hochsensiblen sind mehr Farbabstufungen es wert, bemerkt zu werden, als den weniger Sensiblen. Sehen tun die weniger Sensiblen die Abstufungen wahrscheinlich genauso, aber sie messen ihnen keine große Bedeutung bei. Wenn der Rotton der Bluse nicht hundertprozentig mit dem Rotton der Hose harmoniert, ziehen sie trotzdem beide zusammen an. Uns Hochsensiblen stellen sich bei diesem Anblick die Haare. Für uns haben diese Menschen kein Farbharmonieempfinden. Sie haben einen schlechten Geschmack.

Alle 17 Frauen, die meinen Fragebogen ausgefüllt haben, beantworteten die Frage, ob sie ihre Garderobe farblich passend wählen, mit ja. Eine Frau schrieb mir: »Ich liebe die Farbe blau. Nun gibt es Blautöne, die sind eher rotstichig, andere Blautöne, die sind eher grünstichig. Manchmal sieht man erst bei Kunstlicht, dass das eine Kleidungsstück mehr rot- oder grünstichig ist. Wenn ich dann sehe, dass ich ein rotstichiges mit einem eher grünstichigen Stück kombiniert habe, muss ich mir viel Mühe geben, um nicht den ganzen Tag daran zu denken und mich nicht unwohl zu fühlen.«

Trifft der eine Hochsensible einen anderen Hochsensiblen, dann sieht dieser sehr wohl, dass die Kleidungsstücke nicht perfekt zusammenpassen. Und der Erste weiß, dass der Zweite weiß, dass der Erste weiß …

Einen guten Geschmack bewiesen tatsächlich auch alle 17 von mir befragten Frauen. Alle – ohne eine einzige Ausnahme – bestätigten, dass sie darauf achten, dass die Kleidung farblich gut zusammenpasst. Eine Frau brachte es auf den Punkt:

»Stimmt! Inklusive Unterwäsche, Schuhe, Socken, Tasche und Haargummi!«

Was hier aussieht wie eine Marotte, ist in manchen Berufen ein riesengroßer Vorteil. Stellen Sie sich einen Maler vor, der Ihren Gartenzaun rotstichig blau streicht und Ihre Fensterläden eine Nuance grünstichiger. Das kann dem Maler viel Ärger einbringen. Alle Berufe, die mit Farben zu tun haben (Designer, Kunstmaler, Innenarchitekten, Anstreicher, Architekten, Lackierer) sollten möglichst viele Farbnuancen unterscheiden können.

Die meisten Berufe, in denen man es mit der Abstimmung von Farben aufeinander zu tun hat, sind künstlerische Berufe. Künstler sind meist sensibel. Sie sind kreativ, also erschaffend, weniger reproduzierend. Und beim Kreativen liegt das Geniale ganz nah. Genie und Wahnsinn, so sagt der Volksmund, liegen dicht beieinander. Wahnsinnig heißt verrückt. Beim »Ver-rückten« ist etwas weg- oder hergerückt – aus der Sicht des »Normalen« jedenfalls. Je »normaler« jemand ist, desto schneller fällt er das Urteil »verrückt« oder »überspannt«. Genies sind nie »normal«. Und die grobstoffliche, derbe Umwelt kann ihnen schwer zusetzen. Genies gelten als anspruchsvoll, so wie die Duse, von der es eine schöne Anekdote gibt:

»Die früher sehr berühmte italienische Schauspielerin Eleonora Duse (1858–1924) hatte bei einer Kostümprobe lauter Extrawünsche. ›Für dieses Kleid brauche ich kardinalfarbene Seide!‹ ›Kardinalfarbene Seide‹, notierte der Direktor. ›Und zwar einen ganz bestimmten Ton!‹, forderte die Duse. ›Ganz bestimmten Ton‹, notierte der Direktor, ›aber welchen?‹ – ›Bordeauxweinrot, natürlich ...!‹ ›Welchen Jahrgang?‹, seufzte der Direktor.«

Ein scharfes Auge

Angeblich können die meisten Menschen 150 bis 200 Farben unterscheiden. Ob zwei Farben als »gleich« oder als »verschieden« angesehen werden, bringt unsere Sprache zum Ausdruck. Wir sagen beispielsweise »orange*rot*« und »mandarinen*gelb*«. Beide Farbtöne sind in meinen Augen aber eher gleich als unterschiedlich. Vielleicht gibt es aber Orangensorten und Mandarinensorten, die sich farblich sehr unterscheiden? Und vielleicht sind manche Sorten ungenießbar? Dann würde eine solche Unterscheidung Sinn machen.

Die Eskimos haben viel mehr Bezeichnungen für »weiß« als wir, wohl wegen der verschiedenen Tönungen von Schnee und Eis. Hier ist die Ausdifferenzierung abhängig vom Lebensraum.

Die Japaner haben angeblich erst vor kurzem einen Begriff für »blau« festgelegt: »In vergangenen Zeiten war ›aoi‹ ein Rahmenbegriff für die ganze Farbpalette von grün über blau bis zu violett.« Spielte es dort bisher keine Rolle, ob ein Ding violett oder grün war?

Die Briten haben die Bezeichnung »the teals« für Blaugrüntöne. »Teals« ist auch die Bezeichnung für Krickenten, das sind Süßwasserenten mit blaugrün changierenden Halsfedern. Diese Enten gibt es in England häufig. Krickenten gibt es auch bei uns. Wir haben aber nur ein Wort für »türkis« und nicht für »blaugrün changierend«. Denkt ein Volk, dessen Sprache differenzierter ist, auch differenzierter? Ich kann es mir vorstellen.

Ein scharfes Auge ist auch hilfreich, wenn man Strukturen erkennen und Fehler in diesen Strukturen finden muss. Das ist zum Beispiel beim Korrigieren von Diktaten der Fall. Ich selbst sehe Druckfehler in Büchern oft schon beim ersten Blick auf eine Seite. Das ist beim Durchsehen von Korrekturfahnen ein großer Vorteil. Wenn ich aber entspannt ein schönes Buch lesen will, ist es ein Fluch, wenn ich jeden Druckfehler und viele Übersetzungsfehler finde. Einen Sensiblen kann das so aufregen, dass er sich nicht mehr auf den Inhalt konzentrieren kann. Auch Thomas Mann ließ sich dadurch den Spaß am Lesen verderben, besonders bei seinen eigenen Büchern: »Ich habe jedoch an dem neuen Buch, das schon im Vorwort drei Druckfehler enthält, nicht die geringste Freude«, vertraute er seinem Tagebuch an.

Übertrieben? Zickig? Überspannt? Nein! Anspruchsvoll, scharfsinnig und genial.

»In der Schulzeit liebte ich jene doppelten Bilder, bei denen das eine der beiden kleine versteckte Unterschiede zum anderen aufweist«, erzählt mir Elsie, *»da war ich immer die Schnellste. Ich habe rasch gesehen, was anders war, und einige tolle Preise eingeheimst!«* Elsie ist sichtlich stolz. Endlich Genugtuung für eine Fähigkeit, die ihre Mutter nur als »Pingeligkeit« abtat.

Die meisten der von mir befragten Frauen bestätigten auch, dass sie in einem fremden Raum sofort sehen, wenn Teppichfransen durcheinander sind oder Bilder schief hängen. *»Wenn bei mir Kerzen auch nur ganz leicht schief stehen, dann muss ich sie gerade rücken«,* gestand Elsie. *»Manchmal ist das richtig lästig. Außerdem halten einen die anderen leicht für perfektionistisch.«*

Klar, wenn Elsie den Anspruch hat, dass Teppichfransen immer gerade sein müssen und zerzauste Fransen bei ihr sofort den starken Drang – oder gar Zwang – auslösen, sie zu begradigen, dann kann das Ganze schnell zum Problem werden. Etwas bemerken und etwas verändern – das sind eigentlich zwei Paar Stiefel. Dann wäre folgender Witz, den ich vor einiger Zeit in einer TV-Zeitung entdeckte, vielleicht ganz schnell kein Witz mehr?

In einem in schwarz-weiß gehaltenen Büro sagt der schwarz-weiß gekleidete Chef zu seinem braun-beige gekleideten Mitarbeiter: »Es tut mir leid, Müller, ich muss Sie entlassen. Sie passen nicht mehr zu unserem Dekor.«

Ein feines Näschen

Wenn die halbwüchsige Tochter eines Orchestermusikers ihren Vater ins Konzert begleitete, begeisterte sie dort nicht nur die Musik, sondern vor allem der Duft der Damen. Die junge Daniela zerlegte die Parfüms in der Luft in Veilchen, Rosen, Magnolienblüten.

»Ich rieche den Duft, kriege ihn aber nicht zu fassen. Parfüm hat für mich einen Bezug zum Himmlischen«, sagte sie viele Jahre später in einem Interview mit der Zeitschrift »Brigitte«.

Daniela beginnt zunächst ein Philosophiestudium. Wer Philosophie studiert, kann nicht unsensibel sein. Irgendwann hört sie von einer Freundin vom Beruf der Parfümeurin und ist sofort elektrisiert. Sie bewirbt sich ohne jegliche Vorkenntnisse an der Parfümschule eines großen Parfümherstellers in Grasse, dem Mekka des Parfüms, und wird angenommen.

Heute ist sie die »Nase« und hat Düfte entwickelt wie »Gucci Eau de parfum« oder »Very Valentino« von Elizabeth Arden. Eine »Nase« kann man nicht *werden*, eine »Nase« *ist* man. »Ich glaube, Düfte entstehen in meiner Seele«, sagte sie der »Brigitte«. Gerüche zu analysieren, sei für sie wie ein Reflex. Die Nase arbeite immer, egal wo man ist. Aber ob daraus ein Duft entstehe, hänge von der Stimmung ab. Daniela Andrier: »Wenn ich träge bin, kommt nichts. Fühle ich mich lebendig und glücklich, kann mich ein bestimmter Geruch bis ins Labor verfolgen.«

Eine ganz andere Erfahrung mit dem feinen Näschen macht die Assistenzärztin Birgit H. fast täglich:

»Also, wenn ich Patienten untersuchen muss, ist das

schon eine Herausforderung. Nicht weil die Untersuchung mich überfordern würde. Nein, weil die Leute so stinken! Manche schwitzen vor Angst oder stinken aus dem Rachen. Andere sind einfach ungewaschen. Und als Ärztin kann ich ja nicht drei Meter Abstand wahren. Andere Kollegen, die da weniger empfindlich sind, sagen das auch. Aber sie schaffen es irgendwie trotzdem. Ich hingegen bekomme Brechreiz und muss entweder aus dem Zimmer gehen oder das Fenster aufmachen. In der letzten Zeit versuche ich, an etwas ganz anderes zu denken. Aber das geht eigentlich nicht, denn der Körpergeruch eines Menschen ist auch Hinweis auf Erkrankungen, wie Diabetes, eitrige Entzündungen oder Pilze. Ich bin nur froh, dass ich nicht in der Gynäkologie arbeiten muss.«

So wie Birgit geht es vielen Hochsensiblen. Starke Gerüche haben auf sie eine abschreckende Wirkung. Vielen ist das peinlich, da sie sich selbst deswegen für zickig halten. Und sie haben Schuldgefühle, weil sie den anderen nicht riechen können.

Napoleon pflegte seiner Gemahlin Josephine zwei Wochen vor der Heimkehr aus einem Feldzug zu schreiben, dass sie sich von nun an nicht mehr waschen solle, damit er sich an ihrem Duft berauschen könne. Hochsensibel ist er bestimmt nicht gewesen …

In einem Laborversuch wurden Männer und Frauen, die als Kinder sehr schüchtern gewesen waren, strengen Gerüchen ausgesetzt. Man stellte fest, dass ihr Puls daraufhin längere Zeit beschleunigt war als bei extrovertierten Kontrollpersonen. Strenger Geruch könnte Gefahr bedeuten.

Für den Hochsensiblen stellt seine Geruchsempfindlichkeit ein Dilemma dar: Soll man sich als sehr geruchsempfindlich outen und vielleicht als zickig gelten oder so tun, als ob einem der Geruch nichts ausmache?

»Jemanden nicht riechen können« heißt auch, dass man

diesen Jemand lieber etwas auf Distanz hält. Frauen haben im Allgemeinen einen besser ausgeprägten Geruchssinn als Männer, und sie sind es auch, die eher jemanden »nicht riechen« können. »Vielleicht geht dies auf die Anfänge der Menschheit zurück, als wir den Geruchssinn bei der Paarung und bei der Brutpflege benötigten, oder es liegt daran, dass Frauen mehr Zeit bei den Kindern und bei der Nahrungssuche verbrachten«, vermutet die Autorin Diane Ackerman in ihrem Buch »Die Welt der Sinne«.

Die taub und blind geborene Helen Keller konnte am Geruch ihrer Vertrauten jeweils erkennen, ob diese aus der Küche, aus dem Keller oder von draußen hereingekommen waren. Raucher riechen anders als Nichtraucher, Fleischesser riechen anders als Vegetarier, und Alkoholiker dünsten Abbauprodukte des Alkohols aus allen Poren.

Ein feines Näschen zu haben, »Lunte« zu riechen, Brandgeruch schon meilenweit wahrzunehmen, solange Flucht noch möglich ist, kann Leben retten. Und genau hier sind wir Hochsensiblen wieder im Vorteil: Beim ersten Eindringen von Geruchsmolekülen in unsere Nasenschleimhaut signalisiert unser Gehirn: Etwas ist »anders«, »fremd«. Gefahr?

Die Nasenschleimhaut von weniger sensiblen Menschen bewertet diese Gerüche als »gleich«, »vertraut«, »harmlos«, deshalb bleibt der weniger Sensible jetzt noch ruhig. Der Hochsensible ist aber schon alarmiert, unruhig, macht sich Gedanken über Merkwürdigkeiten, die für andere noch lange keine sind.

Den Nachteil haben wir Hochsensiblen dann, wenn effektiv keine Gefahr droht. Dann haben wir uns umsonst aufgeregt. Wenn dies sehr häufig vorkommt, stehen wir unter Stress und bekommen mit unserer guten Wahrnehmungsfähigkeit Probleme.

Auch hier liegen wieder Segen und Fluch unserer niedrigen Reizschwelle für Duftmoleküle dicht beieinander. Solange etwas »in der Luft liegt«, können wir uns einfach nicht gut entspannen! Aber wenn etwas für uns angenehm riecht, wachsen wir über uns hinaus. Wie der Dichter Friedrich Schiller (1759–1805), dem nachgesagt wird, dass er in seiner Schreibtischschublade stets einige überreife Äpfel gelagert hatte. Und er konnte am besten schreiben, wenn die Schublade offen stand.

Ein untrüglicher Geschmack

Der Geschmackssinn hängt mit dem Geruchssinn eng zusammen, das weiß jeder, der schon einmal einen Schnupfen gehabt hat. Im eigentlichen Sinne schmecken, also über die Zunge wahrnehmen, können wir nur süß, sauer, bitter und salzig. Alle anderen Geschmäcker übermittelt der Geruchssinn.

»Als Kind war ich ein heikler Esser. Fleisch mochte ich gar nicht, Wurst ebenfalls nicht. Auch Lauch, Zwiebeln und Ananas hasste ich. Am liebsten aß ich Nudeln mit Soße und Süßes. Auch süßes Obst mochte ich gern. Heute esse ich auch nicht alles. Fleisch mag ich immer noch nicht besonders und meide es. Ich bin überhaupt ein richtiger Feinschmecker. Wenn ich im Lokal esse, dann stoßen mich ungewohnte Würzungen immer ab. Sie sind bei mir sehr gewöhnungsbedürftig. Ich esse auch nicht gerne scharf, sondern immer so ein bisschen fade,« bekannte mir Elsie O. Elsie ist eine Feinschmeckerin, kein Vielfraß: lieber weniger und dafür etwas Gutes.

So wie unser Erkennungssystem bei Farbabstufungen, Geräuschen, Tastreizen und Gerüchen beim ersten Anzeichen schon auf »anders«, »fremd«, »merkwürdig« springt, tut es dies auch bei Speisen, die ungewohnt schmecken.

Der Ekel liegt hier ganz nahe. Was eklig ist oder nicht, darüber besteht bei Verdorbenem oder Verfaultem nahezu weltweit Einigkeit. Ekel ist mit einer starken Abwehr verbunden. Allerdings bezeichnen Sensible oft auch Dinge als eklig, die andere Menschen nicht als eklig wahrnehmen. »*Also ich finde zum Beispiel Milchhaut und geronnene Milch eklig. Wenn jemand schmatzt oder geräuschvoll einen Apfel isst, ist das für mich auch eklig. Oder wenn mein Mann schluckt, dann knackt das manchmal richtig. Ich könnte da manchmal platzen.*« Elsie hat sich richtig in Rage geredet. Man sieht ihr die Abneigung an. »*Auch Worte können eklig sein. Zum Beispiel ›schmackhaft‹. Das klingt so nach schmatzen. Oder Geräusche: das Quietschen von Türen oder wenn früher der Lehrer mit Kreide an die Tafel geschrieben hat.*« Elsie schüttelt sich. Wahrscheinlich sträuben sich ihr gerade die Haare. Irgendeinen Sinn haben diese »Überempfindlichkeiten« bestimmt, auch wenn wir nicht gleich wissen, welchen.

Nicht nur als »Nase« kann der Sensible sein Geld verdienen, sondern auch als professioneller »Schmecker«. Bevor industriell hergestellte Lebensmittel, Zahnpasten und Mundwässer auf den Markt kommen, werden sie von so genannten »Superschmeckern« (»Supertasters«) im Labor gründlich errochen, ertastet und erschmeckt. Da wird geschnüffelt, gekostet, auf der Zunge zergehen gelassen, im Mund herumgewälzt – und ausgespuckt. Zwischen den Geschmacksproben neutralisieren die Tester den Geschmackssinn, damit es kein Geschmackschaos gibt. Sie sitzen in kleinen Kabinen, wo es keinerlei Ablenkung gibt, denn höchste Konzentration ist erforderlich. Ist sauer zitronensauer oder essigsauer? Ist süß zuckersüß oder honigsüß? Wie ist der Nachgeschmack? Dann werden die Nuancen in der Gruppe durchdiskutiert und so die Wahrnehmung noch weiter verfeinert. Am Ende müssen alle Tester unter einem Geschmacksbegriff das Gleiche subsumieren. Aus den akribisch dokumentierten Daten wird dann ein sensorisches Profil des Produktes erstellt. Eine kleine Rezepturänderung kann über Wohl oder Wehe eines Produktes entscheiden.

Wer sind nun diese »Superschmecker«? »90 Prozent derer, die unsere Aufnahmeprüfung schaffen, sind Frauen. Sie haben definitiv die bessere Wahrnehmungsfähigkeit – also die besseren Nasen und das feinere Geschmacksempfinden –, und sie sind kreativer bei der Beschreibung ihrer Wahrnehmung«, sagt der Laborleiter in einem Interview der Zeitschrift »Bild der Wissenschaft«.

Ein Superschmecker hat etwa 1000 Geschmacksknospen pro Quadratzentimeter Zunge, der Normalkonsument nur circa 200. Wenn man den Zahlen glauben darf, dann sind etwa 35 Prozent aller Frauen und zehn Prozent der Männer als Superschmecker geeignet. Der Rest der Bevölkerung ist einfach nicht sensibel genug.

Wenn sich also in Zukunft jemand über Ihre Speisenauswahl mokiert, dann bezeichnen Sie sich einfach als Superschmecker – und ihn als Dumpfschmecker. Auch im übertragenen Sinne haben Hochsensible übrigens einen guten Geschmack.

Schnell an der Schmerzgrenze

»Es hat noch nie einen Philosophen gegeben, der Zahnschmerzen geduldig ertragen hätte«, soll der englische Dichter William Shakespeare einmal gesagt haben. Klar, Philosophen müssen hochsensibel sein, sonst könnten sie nicht so differenzierte Gedankengebilde erstellen. Und Hochsensible sind häufig schmerzempfindlich.

Zwei Drittel der Frauen, die meine Fragebögen ausgefüllt haben, bezeichneten sich als schmerzempfindlich.

Das ist ein hoher Prozentsatz für Frauen, denn sie haben im Allgemeinen eine höhere Schmerzschwelle als Männer. Das ist möglicherweise mit der Fähigkeit des Gebärens verbunden: Während der Schwangerschaft steigt der Endorphinspiegel langsam immer mehr an. Kurz vor der Geburt steht er am höchsten. Bei einer Geburt werden Unmengen von Endorphinen (körpereigene Glückshormone) ausgeschüttet, die auch nach einer Geburt noch im Blut sind. Deswegen sind Frauen nach einer natürlichen Geburt auch glücklich und fit. Die Schmerzen sind meist bald vergessen. Wäre es nicht so, würde keine Frau freiwillig ein zweites Kind bekommen.

»Besonders wenn der Schmerz am oder im Kopf sitzt«, fällt Elsie sofort ein, »dann kann ich mich auf nichts anderes mehr konzentrieren. Schmerzen im Unterleib oder an den Extremitäten ertrage ich besser. Und bei meiner Tochter scheint es genauso zu sein. Sie lenkt sich ganz gut ab, wenn sie sich zum Beispiel das Knie aufgeschlagen hat. Aber nicht, wenn sie sich den Kopf angeschlagen hat.«

In den Sechzigerjahren machten Zahnärzte ein interessantes Experiment: Ihre Patienten konnten während der Behandlung mit einer Fernbedienung über Kopfhörer eine Kombination aus Musik und einem Geräusch lauter oder leiser stellen. Das Geräusch erinnerte an das Tosen eines Wasserfalls. Wenn es weh tat, konnte der Patient die Musik mit dem Tosen lauter stellen. 65 Prozent der Patienten gelang es damit, ohne Lokalanästhetikum die Schmerzen nicht mehr zu spüren. Diese Methode nennt man »intersensorisches Maskieren«. Als man hinterher die Patienten befragte, worauf sie den Maskierungseffekt zurückführen würden, gab es dreierlei Antworten:

Einige Patienten waren schon schmerzfrei, weil sie den schrecklichen Bohrer wegen des Kopfhörers nicht hören konnten. Andere gaben Ablenkung als Effekt an.

Und die dritte Begründung für die Schmerzfreiheit bezog sich auf die Tatsache, dass man die Lautstärke selber regeln konnte – also auf Kontrolle. Auch wenn sich die Kontrolle nur auf die Lautstärke der Musik bezog, so war diese Kontrolle doch besser als gar keine.

Auch Hunger kann weh tun. Die Aussage »Hunger halte ich schlecht aus« bestätigten 16 der von mir befragten Frauen mit »stimmt«. Nur eine einzige meinte »stimmt nicht«.

Die meisten Hochsensiblen können sich wohl nur dann entspannen, wenn alles in Ordnung ist. Dann sind sie besonders dankbar und glücklich. Etwas zugespitzt drückte es der US-Schriftsteller Thomas Wolfe aus: »Manchmal glaube ich, dass dies die eigentliche Freude ist: Das Gefühl, wie schön es ist, wenn der Zahn nicht mehr weh tut.«

Eine dünne und zarte Haut

»*Neulich besuchten wir ein Museumsdorf im Schwarzwald*«, erzählt Elsie leicht angewidert. »*Bei der Führung durch die einzelnen Höfe erfuhren wir, dass früher die Hemden aus Flachs oder sogar aus Stroh waren. Das war doch recht hart und kratzig. Der Leiter der Tour zeigte uns so ein Monstrum, das wir alle mal befühlen durften. So ein Hemd, erklärte er uns, musste erst einmal vom Knecht ein Jahr getragen werden, bevor man es dem Bauern zumuten konnte. In der Zeit hätte ich meine größten Schwierigkeiten gehabt. Wollstrümpfe und kratziger Flachs auf der nackten Haut, da hätte ich mich ja blutig gekratzt.*«

Ausnahmslos alle Befragungsteilnehmerinnen bestätigten die Feststellung »Ich ziehe Kleidungsstücke mit kratzigen Nähten oder scheuernden Etiketten nicht oder sehr ungern an.« Wenn die Regel »Wie innen, so außen« stimmt, dann müssen Hochsensible auch äußerlich »sensibel«, also dünnhäutig, sein.

Durch den Tastsinn nehmen wir die Außenwelt »haut-nah« wahr. Die Haut grenzt unser Innen vom Außen ab, sie ist unsere Hülle. Wir werden »berührt« oder »ange-rührt«. Wer berührt wird, wird »beeindruckt«. Was uns berührt, können wir »be-greifen«, also abtasten und damit verstehen. Wir können zupacken, anpacken, zugreifen.

Aber genauso gut können wir begrapscht, gepackt und ergriffen werden – auch das im übertragenen Sinn. Wer ergriffen wird, kann die Fassung verlieren. Die »Fassung« gibt uns Form und lässt uns »Haltung« bewahren. Wer die Fassung verliert, erlebt einen Kontrollverlust. Und beim Kontrollverlust hilft es uns oft, wenn uns ein Mensch in den Arm nimmt und uns wieder Fassung und ein Gefühl des Umhülltseins gibt.

Frauenhaut ist dünner als Männerhaut. Also müssten Frauen sensibler sein. Und es stimmt tatsächlich, dass mehr Frauen hochsensibel sind als Männer.

Tatsächlich spricht auch der Heilpädagoge Henning Köhler bei »ängstlich-zaghaften« Kindern davon, dass diese »etwas Prinzessinnenhaftes beziehungsweise Prin-zenhaftes an sich haben, meistens sehr hübsch, zart- und hellhäutig, oft blond« sind. Ob Blonde häufiger hochsen-sibel sind, wäre eine Untersuchung wert. Tatsächlich sind auch elf meiner 17 »Versuchsfrauen« hellblond. Wobei ich mir nicht sicher bin, ob das Blond bei allen echt ist …

Interessant ist auch die Überlegung, ob diese idioti-schen Blondinenwitze vielleicht mit der Verkennung ho-her Sensibilität zu tun haben.

Blondinenwitz 1: Zwei Blondinen spielen Mensch-är-gere-dich-nicht. Fragt die eine: »Haste die Regeln im Kopf?« »Nein, ich blute nicht aus der Nase«, antwortet die andere.

Blondinenwitz 2: Was hat eine Blondine vor, die einen Eimer Wasser in ihren Rechner schüttet? Sie will im Inter-net surfen.

In beiden Witzen erkennt die Blondine mehrere Möglichkeiten, wie man »Regel« und wie man »surfen« verstehen kann. Mehrere Möglichkeiten zu erkennen ist ein Zeichen von Differenziertheit, Scharfsinn und Sensibilität. Wer nur eine einzige Möglichkeit kennt, glaubt, dass diese die einzig richtige sei. Dies ist die »Sicherheit der Ignoranten«. Wer aber mehrere Möglichkeiten kennt, ist zwangsläufig ab und zu »begriffsstutzig«. Wenn es mehrere Bedeutungsmöglichkeiten gibt, gilt es, sich an die gerade jetzt passende Bedeutung heranzutasten. Was wir tasten, ist immer konkret. Tasten tun wir mit der Haut. Und Konkretes, Ertastetes »be-greifen« wir auch.

Und nun sind wir schon mittendrin in der hochsensiblen Reizverarbeitung. Die niedrigen Reizschwellen für die Sinneswahrnehmung waren die eine Sache. Wie diese Reize verarbeitet und verknüpft werden und welche Schlüsse ein Sensibler daraus zieht, ist noch einmal eine andere Geschichte.

III
Tiefschürfend und aufreibend –
Die hochsensible
Reizverarbeitung

Gehetzt und gejagt

Die Nachrichten im Fernsehen: Gesundheitsreform.

Bla-bla-bla, Zuzahlungen, bla-bla-bla, Hausarztsystem, bla-bla-bla, Milliardendefizit der gesetzlichen Krankenkassen – bla-bla. Und bla. Der Sprecher redet munter weiter.

Gleichzeitig sieht man die Empfangstheke in einer Arztpraxis. Ein Patient kommt herein, zückt seine Versichertenkarte.

Bla-bla – integrierte Versorgung – bla-bla-bla.

Aha, der Patient ist bei der Techniker Krankenkasse versichert.

Bla-bla-bla, Praxisgebühren in Höhe von 10 Euro – bla-bla-bla.

Der Patient unterschreibt den Behandlungsschein. Man sieht seine blauen Manschetten.

Bla-bla-bla, Qualitätswettbewerb in der ärztlichen Versorgung, bla-bla-bla.

Kämen diese Nachrichten im Radio, gäbe es für den Zuhörer kein Problem. Ein aufmerksamer Beobachter bekommt jedoch von den Nachrichten nicht allzu viel mit. Vor allem dann nicht, wenn Ton und Bild nicht viel miteinander zu tun haben.

»Ich kann einfach nicht fernsehen«, schildert Elsie ihre Erfahrungen. *»Entweder ich schaue zu oder ich höre zu.*

Aber beides gleichzeitig überfordert mich einfach. Filme gehen noch, wenn sie nicht so viele Schnitte aufweisen. Die sind fast wie reales Leben und Mimik und Gestik der Sprechenden untermalen den Inhalt der Worte. Aber dieses Nachrichtenkauderwelsch geht mir gehörig auf den Geist. Und wissen Sie, was mein Mann dazu sagte? Er sagte, du denkst einfach zu viel. Aber wenn ich zuhöre, dann will ich auch richtig zuhören.« Das sagt sie fast trotzig.

Fragen wir uns nun einmal, woher unsere Überforderung mit den schnellen Bildfolgen eigentlich kommt. In der Steinzeit rauschten nur beim schnellen Laufen Bilder am Menschen vorbei. Und wann rannte ein Steinzeitmensch schnell? Wenn er entweder auf der Jagd oder auf der Flucht war! Beides war mit extremem Stress verbunden. Wenn ich auf der Flucht vor dem Säbelzahntiger bin, interessieren mich nicht die Glockenblumen am Weg. Und wenn doch, dann ist mein Leben zu Ende, bevor ich mich fortpflanzen und meine Gene weitergeben kann. Schnelle Bildabfolgen bedeuteten in der Geschichte der Menschheit immer Gefahr. Bei Gefahr schüttet die Nebenniere Adrenalin aus. Das Blut wird in die Muskeln gepumpt. Kampf oder Flucht sind angesagt. Die Blutgefäße an der Peripherie, also in der Haut, werden eng gestellt, damit bei einer eventuellen Verwundung der Blutverlust möglichst gering ist. Der Blutdruck steigt an, die Atmung wird schneller, das Herz pumpt wie wild. Die Leistung ist maximal, denn es geht um Leben und Tod.

Und nun stellen Sie sich vor, Sie sitzen vor dem Fernseher und sehen einen spannenden Krimi. Eine rasende Verfolgungsjagd ist im Gang. Der Hauptdarsteller läuft um sein Leben. Jetzt stürzt er zu Boden. Seine Verfolger holen auf. Oh nein, denken Sie entsetzt.

Auch Sie haben eine Alarmreaktion, obwohl sie in Ihrem sicheren Sessel sitzen. Natürlich schütten Sie weniger Adrenalin aus als das Opfer im Film, aber es reicht, um Sie unruhig hin- und herzappeln zu lassen. Müssten Sie jetzt eine schwierige Rechenaufgabe lösen, würde Ihnen das vermutlich nicht gelingen. Denken ist jetzt nicht gefragt. Das hat die Natur so eingerichtet, damit keine entscheidenden Sekunden vergeudet werden.

Vielleicht zünden Sie sich jetzt eine Zigarette an oder kauen ein paar Chips, um sich ruhig zu stellen? Erst nach dem Happy End beruhigt sich Ihr Körper langsam wieder. Nun wäre ein längerer Spaziergang angebracht, um das restliche Adrenalin adäquat abzubauen. Dann würden Körper und Seele sich wieder entspannen.

Wenn dieser Mechanismus auch für robuste Menschen gilt, um wie viel mehr gilt das für uns Hochsensible mit unserem raschen Frühwarnsystem?

Ein Mandelkern auf dem Sprung

»Aber«, wendet Elsie ein, *»es gibt doch Menschen, die ganz einfach die Nachrichten oder andere Wissenssendungen ansehen können, ohne so gestresst zu werden wie ich. Wie machen die das denn?«*

Klar gibt es die. So wie es die »Dumpfschmecker« gibt, gibt es auch die »Dumpfglotzer«. Und die wissen nach dem Bericht über die Gesundheitsreform wahrscheinlich nicht, dass der Patient bei der Techniker Krankenkasse versichert war und welche Farbe seine Hemdmanschetten hatten.

Dies ist aber noch nicht alles. Elsie ist Ergotherapeutin in einem Krankenhaus. Das Krankenhaus ist von der Gesundheitsreform betroffen. Elsie fürchtet um ihre Stelle, da sie nur halbtags arbeitet und außerdem als Letzte eingestellt worden ist. So ist sie auch die Erste, deren Stelle abgebaut werden könnte. Schon der Ausdruck »Stelle abbauen« läßt Elsies Mandelkern aktiv werden. Gefahr, Gefahr, Gefahr! Und schon läuft eine Alarmreaktion ab, so ähnlich wie bei dem vom Säbelzahntiger verfolgten Steinzeitmenschen. Der Blutdruck schießt nach oben, das Herz pumpt fast hörbar und Elsie fühlt Panik. Was ist, wenn ich von Streichungen betroffen bin? Unruhig rutscht sie im Sessel hin und her. Ihr Mund wird trocken.

Was ist passiert? Tief unter der Großhirnrinde, wo unsere archaischen Gehirnteile liegen, sitzt die so genannte Amygdala (griechisch: die Mandel) oder der Mandelkern. Der Mandelkern ist eine Art Notrufzentrale, in der Informationen aus den Geruchs-, Seh-, Hör-, Geschmacks- und Tastnerven zusammenlaufen und eine rasche Reaktion auslösen. Viel rascher, als wenn diese Informationen erst über das Großhirn hätten laufen müssen.

Konkret funktioniert das so: Der Mensch sieht den Säbelzahntiger und klettert so schnell er kann auf einen Baum. Die schnelle Reaktion verdankt er dem Mandelkern.

Ohne Mandelkern sähe die Situation anders aus: Der Mensch sieht den Tiger. Oh, denkt er, was für ein schönes Tier. Es ist bestimmt ein Männchen. Dürfte etwa vier Jahre alt sein. Ob es wohl hungrig… Mampf, schmatz, schlürf. Und um den Menschen ist es geschehen!

»Eine Zerstörung der Amygdala führt bei Tieren und Patienten zum Verlust der Fähigkeit, furchteinflößende Situationen zu erkennen; dies führt zu ›furchtlosem‹ bzw. ›heldenhaftem‹ Verhalten.«

Mancher Mandelkern ist immer auf dem Sprung: Er warnt schnell und durchdringend.

Wissenschaftler an der Harvard Universität haben herausgefunden, dass Menschen, die schon als Zweijährige eher scheu waren, »auf neue Situationen auch fast zwei Jahrzehnte später sehr zurückhaltend reagieren. Die Unterschiede im Temperament liegen offenbar in der Amygdala, dem Mandelkern, begründet.« Daraus ziehen die Autoren zu schnell den Schluss, dass wer als Kind schüchtern ist, es für immer bleibt.

Schüchternheit ist jedoch viel mehr als nur ein hyperaktiver Mandelkern. Und hohe Sensibilität ist mit Schüchternheit nicht deckungsgleich, sondern nur zu etwa 70 Prozent.

In meinem Fragebogen gaben zwölf Frauen (zwei Drittel) an, dass sie als Kinder schüchtern waren, was etwa den 70 Prozent entspricht. Dies sind vermutlich Frauen mit hochreagiblem Mandelkern. Und das ist wieder einmal Segen und Fluch zugleich. So wie bei Deborah.

Theater im Theater

Vater, Mutter und die beiden Mädchen – sechs und vier Jahre alt – haben Karten gekauft für eine Live-Vorstellung der Sesamstraße im Theater. Die vierjährige Deborah wird als »ernst, scheu und manchmal wie eine Klette« beschrieben. Sie liebt die Sesamstraße und ganz besonders den Vogel »Big Bird«. Als der große Tag gekommen ist, will Deborah nicht ins Theater gehen, sondern klammert sich an die Eltern, weil sie Angst hat, auf einem eigenen Stuhl zu sitzen. Deborah beruhigt sich, als sie auf dem Schoß der Mutter sitzen darf. Die Show beginnt und die Figuren treten auf die Bühne. Die anderen Kinder rufen ganz begeistert »Big Bird! Big Bird!«

Deborah aber ist untröstlich. Die ärgerliche Mutter fragt: »Was ist denn los mit dir?« Deborah kann nicht sprechen, stößt aber schließlich hervor: »Ich habe Angst!« »Aber das ist doch Big Bird, dein Liebling aus dem Fernsehen.« »Das ist er nicht!«, jammert Deborah. »Es ist nicht derselbe.« Da Deborah keine Ruhe gibt, verlassen die Eltern schließlich mit ihr die Vorstellung und sind sauer, weil das Kind so ein »Theater« macht.

Die kleine Deborah ist mit großer Wahrscheinlichkeit hochsensibel. Und sie hat vollkommen recht: Big Bird aus dem Fernsehen ist nicht derselbe (noch nicht einmal der gleiche) wie der auf der Bühne.

Interessant ist der Kommentar des Temperamentforschers Marcel Zentner, aus dessen Buch die Geschichte stammt: »Deborah ist scheu, eigen und klagt in der Öffentlichkeit. Dies ist Deborahs Reaktion auf Neues, ihr anfänglicher Rückzug. Sie ist leicht überstimuliert und im Theater ein wenig überwältigt. Ihre schlechte Anpassungsfähigkeit trägt dazu bei, dass sie sehr wohl merkt, dass Big Bird nicht derselbe ist. Ihre Ernsthaftigkeit reflektiert ihre negative Stimmungslage.«

»Schlechte Anpassungsfähigkeit« nennt er Deborahs Protest. Das klingt sehr negativ. Woran soll sich das Kind denn anpassen? An die anderen Kinder, denen der Unterschied zwischen den Figuren nichts ausmacht? Deborahs Fähigkeit, Unterschiede wahrzunehmen und sie ernst zu nehmen, wird nicht geschätzt. »Eigenbrötler« sind nicht in allen Kulturen erwünscht. Sie sind unbequem. Besonders, wenn sie unbestechlich sind und auch noch zu einer »negativen Stimmungslage« neigen. Und so werden sie oftmals verkannt – auf der ganzen Linie.

So wie Elsie, die als Kind durch das Märchen vom Aschenputtel sehr verwirrt wurde. Warum? Weil der Schuh, der Aschenputtels Stiefschwester nur passte, weil sie sich Zehen abgehackt hatte, voller Blut war. Und die Taube rief folgerichtig: »Ruckediguh, Blut ist im Schuh! Der Schuh ist viel zu klein. Die rechte Braut sitzt noch daheim!« Nun, bei der zweiten Stiefschwester war der Schuh auf mysteriöse Weise wieder sauber. Das leuchtete dem Kind nicht ein, weil es nicht realistisch ist. Und so grübelte die kleine Elsie, ob wohl jemand den Schuh gereinigt hatte und ob sich die Blutflecken vollständig haben entfernen lassen. Da aber der Prinz mit dem Schuh unterwegs war und ihn eine potenzielle Braut nach der anderen anprobieren musste, kann er zwischendurch nicht gereinigt worden sein. Logisch, oder?

Leider hatten Elsies Eltern kein Verständnis für »Fragen außer der Reihe« und so zog Elsie irgendwann den Schluss, dass ein »normaler Mensch« so komische Fragen nicht stellt.

Wenn einem die Felle davonschwimmen

»*Samstags machen Werner und ich immer unseren Großeinkauf. Kathrin ist dann bei meiner Mutter, damit es nicht so stressig wird. Trotzdem bin ich hinterher immer fix und fertig. Und daran ist Werner schuld! So wie letzten Samstag – das war mal wieder typisch.*« Elsie fuchtelt mit ihren Armen wild herum. »*Zunächst fingt alles harmlos an. Wir hatten eine lange Einkaufsliste, geordnet nach den jeweiligen Läden. Werner steuerte das Auto, denn er kann besser einparken. Er fuhr für meine Begriffe viel zu schnell und so dicht an anderen Autos vorbei, dass mir mehrmals fast das Blut in den Adern gefroren ist. O. k., dann sind wir also im ersten Laden, der natürlich rappelvoll ist. Wir halten uns an die Liste und suchen getrennt die benötigten Lebensmittel. Dann fällt mir etwas ein, was nicht auf dem Zettel steht: Zitronen. Die Zitronen in diesem Laden sind aber ziemlich verschrumpelt. Also kaufen wir sie nicht hier. Ich merke mir die ganze Zeit ›Denk an die Zitronen‹. Nach einer endlosen Warterei an der Kasse treten wir dann vollbepackt den Rückweg zum Auto an.*« Elsie schnaubt hörbar.

»*Unterwegs sieht Werner im Eisenwarengeschäft Schrauben im Sonderangebot. Die braucht er natürlich auch noch. ›Nur kurz‹, und schon ist er im Laden verschwunden. Ich bringe die Sachen zum Auto und warte auf Werner. Warte und warte. Irgendwann wird es mir zu blöd, und ich gehe* schon mal zu Fuß zur Metzgerei. Unterwegs treffe ich Werner, er kommt mit in die Metzgerei. Aus der Schlange an der Kasse ruft es fröhlich: ›Hallo Elsie, hallo Werner!!‹ Unsere Nachbarin – auch das noch. Ich winke ihr zu, will aber nicht stehen bleiben. Werner aber schon. Er macht seelenruhig seinen Smalltalk. Ich versuche den Einkaufszettel ›abzuarbeiten‹. ›Aha‹, ruft die Nachbarin, ›immer die gestresste Hausfrau. Take it easy!‹ Ich ärgere mich, dass sie mir die Hektik ansieht. Wahrscheinlich wirke ich nach außen hin wieder völlig verspannt. In Gedanken gehe ich das Rezept, nach dem ich kochen will, nochmals durch. ›Denk an die Zitronen‹, sage ich mir mehrmals.« Elsie bekommt hektische rote Flecken am Hals.

»Nach der Metzgerei steht die Bäckerei auf dem Programm. Der Tortenboden ist ausverkauft. Mit dem Auto suchen wir noch eine andere Bäckerei. Horrorfahrt! Einer schießt rückwärts aus der Parklücke und knallt uns fast in die Seite. Werner schimpft laut, und ich bin dem Herzinfarkt nahe.« Ehrlich gesagt, ich auch fast – allein vom Zuhören. Aber es geht noch weiter.

»Endlich, in der zweiten Bäckerei finden wir den Tortenboden. Wieder im Auto fragt Werner: ›Du, was wollen wir denn heute essen?‹ Als ich ihm aufzähle, was ich nachher kochen will, wehrt er ab und meint: ›Ach nö, das dauert doch viel zu lange. Lass uns doch da vorne beim Chinesen was holen. Darauf habe ich jetzt viel mehr Lust.‹ Und er hält vor dem Chinarestaurant an. In mir ballen sich Wut, Ohnmacht und Resignation. Jetzt ist es sowieso egal. O. k., dann essen wir eben chinesisch. Auf dem Heimweg bin ich innerlich völlig leer. Und die Zitronen habe ich natürlich vergessen.«

Kopflos im Supermarkt

Werner, der ein anderes Nervenkostüm oder eine träge Amygdala (oder beides) hat, war von diesem Einkauf nicht so gestresst. Er verspeiste sein chinesisches Menü ohne das Gefühl, sich nun erholen zu müssen. Elsie aber brauchte erst einmal Zeit, um sich wieder »einzukriegen«. Der Einkauf war für Elsie eine Reizüberflutung. Die Reizüberflutung wird durch Unvorhergesehenes – die vergessenen Zitronen, Werners Alleingänge, die Nachbarin, der ausverkaufte Tortenboden, das chinesische Essen – zu einem Kontrollverlust für Elsie.

Wie wir mit Kontrollverlusten umgehen, sagt sehr viel darüber aus, wie wir mit unserer Sensibilität umgehen. Stellen Sie sich einmal vor, Sie sind beim Einkaufen in einem vollen Laden und finden Ihre Einkaufsliste nicht mehr. Wie geht es Ihnen jetzt? Was tun Sie?

Auf diese Frage im Fragebogen antworteten nur zwei Frauen, dass diese Situation keinen Kontrollverlust für sie darstelle, sondern etwas Gewohntes, ja sogar Erwünschtes, nämlich ein Gedächtnistraining. Ach, die Glücklichen!

Eine zweite Gruppe von Frauen versuchte das Beste daraus zu machen, und schließlich gab es Frauen, die sich wegen des Zettelverlustes innerlich selbst zerfleischten. Hier einige Antworten der befragten Frauen:

● »Ohne Liste hätte ich alles vergessen, was ich kaufen wollte. Ich würde total entnervt, leicht panisch, überbepackt, aber mit den falschen Lebensmitteln nach Hause kommen.«

● »Wenn ich die Liste verloren habe, ist das nicht so dramatisch. Ich gehe langsam durch die Regalreihen und überlege, wofür ich die Sachen brauche. Wenn ich die Sachen sehe, komme ich meist auch ohne Einkaufszettel zurecht. Vergesse ich etwas, dann fahre ich halt noch mal in die Stadt. Das ist kein Problem.«

- »Ich versuche die Liste gedanklich zu erfassen und abzuarbeiten.«

- »Ich fühle mich etwas unsicher. Ich kaufe weiter ein und überlege dabei ständig, was alles auf dem Zettel gestanden hat und vor allem, in welcher Menge. Eigentlich brauche ich den Zettel gar nicht, weil alles im Kopf gespeichert ist. Der Zettel dient nur als Gedächtnisstütze. Ohne ihn fühle ich mich aber irgendwie ›nackt‹ und ›verlassen‹.«

- »Ich kaufe äußerst gedankenlos und verschwenderisch ein.«

- »Das ist eher die Regel als die Ausnahme … Ich kaufe das, was ich erinnere, und improvisiere.«

- »Ich ärgere mich grün. Innerlich koche ich vor Wut, versuche aber, das Benötigte aus dem Kopf noch zusammenzubekommen. Ich will da so schnell wie möglich durch. Ich hasse es, wenn es so voll ist. Zuerst werde ich gestresst, unstrukturiert und verstört sein. Dann werde ich versuchen, eine ruhige Ecke zu finden, in der ich mich verstecken kann, um nachzudenken, was auf dem Zettel stand. Da im Laden zu viel los sein wird, werde ich dann ganz gestresst und panisch alles Mögliche unter Schweißausbrüchen, Angst und Unsicherheit total nervös in den Wagen packen. Immer mit dem Gefühl, von allen beobachtet zu werden. Dann werde ich zu Hause bedrückt feststellen, dass ich erstens viel zu viel, zweitens nur Sachen, die ich nicht brauche, gekauft und drittens die Hälfte vergessen habe. Ich werde mich schlecht und unfähig fühlen.«

Wut auf sich selbst und innerliche Selbstzerfleischung machen den Kontrollverlust nicht gerade angenehmer. So wird der Stresspegel noch zusätzlich hochgepuscht.

Aufs Schlimmste gefasst

»Einmal im Jahr fliegen wir in den Urlaub«, erzählt Elsie, *»und wie mein Mann und ich unsere Koffer packen, könnte unterschiedlicher nicht sein. Solange unsere Tochter noch so klein ist, machen wir immer Strandurlaub. Mein Mann packt also seinen Koffer, indem er am Tag vor dem Abflug einige Shorts, T-Shirts, Unterhosen und -hemden, Badehosen, Schuhe und Socken in den Koffer wirft und den Koffer zuklappt. Oben auf den Koffer legt er seinen Blouson, in den er Geld, Pass und Flugkarten steckt. Das war's.«* Elsie schüttelt entrüstet den Kopf.

»Ich hingegen fange schon drei Wochen vor dem Abflug an zu packen. Immer nach meiner Liste. Diese Liste ist ellenlang. Ich überlege dann sowohl für Kathrin als auch für mich, was wir für jede Wetterlage benötigen könnten. Außerdem muss alles farblich mit allem anderen kombinierbar sein. Das ist gar nicht so einfach, da ich in den Urlaub nicht meine besten und modernsten Kleider mitnehme und man zu den Modefarben der letzten Jahre nicht mehr unbedingt passende Stücke dazukaufen kann. Wenn ich dann zu einem älteren Badeanzug noch einen passenden Pareo kaufen möchte, finde ich mit Sicherheit keinen mehr. So muss ich dann ziemlich viel improvisieren. Im Lauf der Wochen wird der Koffer immer voller. Ich wasche auch im Urlaub, also habe ich Waschmittel, Wäscheklammern und Bügeleisen mit dabei. Dann überlege ich, was uns gesundheitlich passieren könnte. Zahnschmerzen, Bauchschmerzen, Fieber, Durchfall, Seeigelstacheln im Fuß? Für alles bin ich ausgerüstet. Sogar eine Wärmflasche habe ich dabei.« Elsie muss einen Schluck Wasser trinken. Dann erzählt sie gestikulierend weiter.

»Zum Schluss mache ich eine Endkontrolle mit meiner Liste. Dann packe ich noch für jeden zwei Unterhosen und je ein T-Shirt ins Handgepäck, für den Fall, dass ein Koffer

verloren geht. Wehe ich schaffe die Endkontrolle zeitlich nicht mehr. Dann kreisen meine Gedanken nur noch um Dinge, die ich vergessen haben könnte.«

Während Elsie dann für alle Eventualitäten gerüstet ist, macht sich ihr Mann über ihren Packstil lustig. Natürlich profitiert er davon, wenn Elsie im Urlaub wäscht, denn sie wäscht auch für ihn mit.

Elsies Denkstil nennt sich »defensiver Pessimismus«. Das ist die Angst vor einer bestimmten Anforderung von außen bei dem gleichzeitig vorhandenen Gefühl, das Ganze – noch? – nicht im Griff zu haben.

Ein Optimist wie Elsies Mann Werner denkt, dass seine Kleidungsstücke ausreichen, und wenn der Koffer verloren geht, dann lässt er einfach die Kleider an, die er auf dem Leib hat. Wo ist da das Problem?

Elsie aber befürchtet, in einem solchen Fall vielleicht drei Tage in derselben Unterhose herumlaufen zu müssen. Dies möchte sie sich und ihrer Tochter ersparen. So rüstet sie sich einfach für den schlimmsten Fall aus.

Und genau das ist der Unterschied zwischen dem normalen Pessimisten und dem defensiven Pessimisten: Der defensive Pessimist hat die Hoffnung auf ein gutes Ergebnis und tut sein Möglichstes dafür. Das gute Gefühl, alles getan zu haben und gut gerüstet zu sein, lässt Elsie dann auch gut schlafen. Und ihr Gehirn hat wieder Platz für anderes.

Wie die Angst sich selbst auffrisst

Das Nachdenken über den schlimmsten Fall und die präventiven Gegenmaßnahmen führen zu einer Verringerung der Angst und sind für Hochsensible oft eine gute Überlebensstrategie. Ein oberflächlicher und oft blauäugiger Optimismus, nach dem Motto »Es wird schon gut gehen«, ist für Menschen, deren Mandelkern immer auf dem Sprung ist, sowieso nicht glaubhaft.

Der amerikanischen Psychologieprofessorin Julie K. Norem fiel schon in den vom positiven Denken besessenen Achzigerjahren auf, dass einige ihrer erfolgreichen Freunde eher nicht optimistisch eingestellt waren. Damals glaubte man in der Psychologie – zumindest in den USA –, dass nur optimistische Menschen erfolgreich sein könnten.

Später untersuchte Norem zwei ungefähr gleich leistungsstarke Gruppen von Studenten. Die einen waren so genannte »strategische Optimisten«, die die Dinge leicht nahmen – also Werner-Typen. Die anderen waren so genannte »defensive Pessimisten«, die zum Grübeln neigten und sich viele Gedanken machten, also Elsie-Typen.

Beiden Gruppen kündigte Norem einen Leistungstest an. Vorher befragte sie die Kandidaten, wie viel Angst sie haben und wie gut sie ihrer Meinung nach abschneiden würden. Die Optimisten gaben wenig Angst an und glaubten, dass sie gut abschneiden würden. Die defensiven Pessimisten zeigten mehr Angst vor dem Test und befürchteten ein viel weniger gutes Ergebnis.

Nun wurde einem Teil der defensiven Pessimisten gesagt, dass sie auf Grund von früheren Leistungen wesentlich besser abschneiden müssten. Sie zeigten daraufhin auch tatsächlich weniger Testangst und hielten ein besseres Ergebnis ihrer Leistungen für wahrscheinlich. Sie waren also künstlich optimistischer gemacht worden.

Die Leistungsergebnisse zeigten, dass die defensiven Pessimisten die besten Testergebnisse erbrachten, wenn man ihnen den Pessimismus ließ. Wurden sie künstlich optimistisch gemacht, dann schnitten sie schlechter ab. Dieses Ergebnis muss man sich auf der Zunge zergehen lassen!

Eine weitere Untersuchung der Ängstlichkeit in Prüfungssituationen ergab, dass die optimistisch gemachten defensiven Pessimisten zwar guten Mutes in die Prüfung gingen, dann aber in der Prüfungssituation zu viel Angst entwickelten. Die defensiven Pessimisten, die ängstlich geblieben waren, hatten sich schon vor dem Test verrückt gemacht und waren dann in der eigentlichen Testsituation ruhiger und leistungsfähiger. So, als hätte ihnen ihr Unbewusstes gesagt: so, nun hast du dich schon genug geängstigt. Die schlimmsten Fälle sind nun durchgespielt. Jetzt kannst du ruhig an die Aufgabe gehen. Schlimmer kann es jetzt nicht mehr kommen.

Und sie hatten sich besser inhaltlich vorbereitet. Sie hatten die Prüfung nicht auf die leichte Schulter genommen. So hat sich durch die gute Vorbereitung die Angst quasi selbst aufgefressen.

Im richtigen Leben kann das Grübeln dazu dienen, alle Eventualitäten mental durchzuspielen und gegen Missgeschicke und Pannen Lösungsansätze zu entwickeln. Nach diesem Prinzip verfahren auch Leistungssportler. Ganz im Sinne des englischen Spruches »Hope for the best – but be prepared for the worst.« (Auf das Beste hoffen, aber auf das Schlimmste vorbereitet sein.)

Was natürlich nicht heißen soll, dass wir uns für jeden Gang zum Supermarkt ausrüsten sollten, als müssten wir drei Tage im Schneesturm überleben. Außer es ist Winter und sehr verschneit …

IV Wenn Sensibilität zum Albtraum wird

In der Großstadt verloren

»*Neulich musste ich nach Frankfurt fahren und bei einem Großhändler für Ergotherapiebedarf ein paar Sachen abholen. Obwohl ich schon öfter als Beifahrerin in Frankfurt war, kannte ich mich nicht aus. Aber ich hatte mich gut ausgerüstet, dachte ich zumindest. Ich hatte einen Stadtplan dabei, einen Kompass und eine Lupe, damit ich das Kleingeschriebene auf dem Plan lesen konnte. In der Frankfurter Innenstadt gab es leider ein paar Baustellen. So verlor ich als Erstes die Himmelsrichtung.*« Elsie ist schon wieder ganz durcheinander. Schon bilden sich hektische Flecken an Hals und Wangen.

»*Ich habe noch gewusst, dass Bockenheim im Norden ist. Die Straßenschilder geradeaus zeigten mittlerweile ›Hausen‹ an. Das kannte ich nicht und wusste somit nicht, wie es im Verhältnis zu Bockenheim lag. Ich wollte anhalten und versuchte eine Parkbucht zu finden. Irgendwann hatte ich eine, aber kaum stand ich, als ich auch schon von der Seite angehupt wurde. Da wollte einer raus. Also weiter. Ich fuhr und fuhr. Die Gegend wurde immer fremder. Auf den Schildern stand ‹Heddernheim›. Mein Blutdruck sauste in die Höhe. Der Schweiß kam mir aus allen Poren. Ich schaltete die Warnblinkanlage an und fuhr auf einer ruhigeren Straße an den Bürgersteig.*« Elsie schlägt die Hände vors Gesicht und atmet tief durch.

»*O. k., ich beruhigte mich so weit, dass ich wahrnahm,*

dass Heddernheim nördlich von Hausen und Hausen nordwestlich von Bockenheim liegt. Dann rechnete ich mir aus, dass ich erst einmal nach Süden und dann nach Südwesten musste. Zum Glück konnte ich in der Straße wenden. Aber dann ging der Stress wieder von Neuem los. Ich konnte da, wo ich wollte, nicht nach Südwesten fahren, sondern musste geradeaus fahren. Nach Süden also. Und so landete ich wieder in der chaotischen Innenstadt, direkt vor dem Hauptbahnhof. Die Menschenmassen hetzten vor meinem Auto über die Straße. Zum Glück waren die meisten Ampeln rot, so dass ich mich noch grob orientieren konnte. Von Süden aus nahm ich einen neuen Anlauf und schaffte es tatsächlich, nach Bockenheim zu kommen. Als ich endlich ankam, war ich fix und fertig.«

Das war Elsies Ausflug in die unbekannte Großstadt. Alle Auto fahrenden Hochsensiblen kennen dieses Gefühl des Sichverlierens. Deswegen fahren wir alle so ungern in fremde Städte (14-mal kreuzten die Frauen »stimmt« im Fragebogen an). Und die Hälfte von uns ist froh über jede rote Ampel, die uns mehr Zeit zum Orientieren gibt (neunmal wurde »stimmt« angekreuzt, achtmal »stimmt nicht«).

»Mit Werner zu fahren wäre noch stressiger geworden. Er hätte wahrscheinlich dann auch noch wenig Benzin im Tank gehabt und wäre noch dazu erst kurz vor Ladenschluss angekommen«, feixt Elsie. Die babyblauen Augen blitzen verschmitzt.

»Immerhin hatte ich viel Zeit eingeplant und hatte vorher getankt. So wusste ich, dass ich auf jeden Fall ankommen würde, auch wenn ich mich verfahren sollte.« Für Autofahrer wie Elsie sind Navigationssysteme (wenn sie funktionieren!) ein Segen.

Der Hauptstressor ist die Alarmreaktion (Adrenalin im Blut), die uns auf Flucht und Kampf, also auf Bewegung, polt. Und dabei müssen wir im Auto stillsitzen, in raschem

Tempo Schilder lesen und uns für eine Richtung entscheiden, also mit dem Kopf arbeiten, außerdem noch schalten und auf den Verkehr achten. Unser erschütterbarer Mandelkern, der Gefahr signalisiert, ist uns in dieser Situation wahrlich keine Hilfe.

Oder doch? Die Autofirma BMW textet in einer Anzeige: »Wie stabil sich ein Auto in Kurven verhält, testet man am besten mit einer sensiblen Beifahrerin. Wir entscheiden uns für eine Wasserwaage.«

Zum Ausflippen

»Ich bin leicht zu überrumpeln«, das bestätigten 16 von 17 befragten Frauen. Überrumpelt werden, überwältigt werden, die Orientierung verlieren, den Halt verlieren – alle Sensiblen kennen dieses Gefühl, wenn es einem die Kehle zuschnürt und man einen Adrenalinschub bekommt. Entweder es ist Angst dabei – dann fliehen wir. Oder es ist Wut dabei – dann flippen wir aus.

Auf die Frage »Gibt es Alltagssituationen, in denen Sie regelmäßig die Fassung verlieren/ausflippen/außer sich sind?« beschrieben die befragten Frauen viele kleine Situationen des Kontrollverlustes, die übrigens am häufigsten von Männern verursacht wurden. Männer nervten, wenn sie ihre Brotkrümel liegen ließen. Söhne räumten ihre Zimmer nicht auf. Männer oder Söhne brachten unangemeldet Besuch mit. Söhne hielten sich nicht an Regeln. Sie ließen das Geschirr stehen und putzten ihre Schuhe mit dem Geschirrtuch ab. Männer würdigten Hausarbeit nicht genügend und änderten kurzfristig die Wochenendpläne. Na, na!

»Ich flippe jedes Mal aus, wenn ich mich schon gestresst und überfordert fühle und wenn dann noch etwas Unerwartetes, Nerviges dazu kommt«, schrieb eine Frau.

Eine andere regte sich auf über »Streit, bei dem ich niedergebügelt werde« auf und äußerte ihre Angst, »allein und im Stich gelassen zu werden«.

Aber auch kleinkariertes und egoistisches Denken ihrer Zeitgenossen nervt Hochsensible: »Wenn etwas nicht auf Anhieb klappt« und »Störungen bei konzentrierter Arbeit«.

Alle Gründe fürs Ausflippen bezogen sich auf Kontrollverluste. Die Kontrolle zu behalten beruhigt, auch wenn sich die Kontrolle »nur« auf die ordentliche Küche oder die Besucherregelung bezieht.

Der am häufigsten genannte und am schwersten wiegende Anlass für Ärger war Ungerechtigkeit. Ungerecht behandelt zu werden und ungerecht beschuldigt zu werden machen die meiste Wut.

»In der Schule war ich in Mathematik immer recht schlecht«, erzählt Elsie und regt sich heute noch darüber auf. *»Einmal, ich glaube, es war in der sechsten Klasse im Gymnasium, hatte mein Vater mit mir Mathe gelernt und ich hatte den ganzen Stoff verstanden. Während der Arbeit war ich nicht aufgeregt, wie sonst immer, sondern lief zu Höchstform auf. Ich freute mich also sehr auf die Rückgabe der Arbeit. Und tatsächlich hatte ich auch eine eins bis zwei bekommen. Allerdings nur in Anführungszeichen. Der Lehrer war sehr erbost und wollte wissen, von wem ich abgeschrieben hätte. Er wollte sogar meine Eltern einbestellen. Keiner glaubte mir, nicht einmal meine Freundin. Das war für mich eine ganz große Kränkung!«*

Ein weniger sensibles Kind hätte mit dem Lehrer gestritten, argumentiert und sich gewehrt. Elsie aber war zu verblüfft und zu verschüchtert, um sich zu wehren.

»Hinterher warfen mir meine Eltern vor, dass ich mich nicht gegen die Verdächtigung gewehrt habe. Dann kam ich mir noch ein zweites Mal gedemütigt vor. Ich fühlte mich so unfähig und zerknirscht.«

Die Kaiserin Elisabeth von Österreich (1837–1898), besser bekannt als Sissi oder Sisi, war eine Hochsensible, deren Leben durch Biographien gut belegt ist.

Sisi hatte hässliche Zähne, weswegen sie sich sehr schämte. Sie versuchte dies zu verbergen, indem sie ihren Mund möglichst wenig öffnete. Ihre Sprache war dementsprechend leise und verwaschen. Da sie auch noch sehr scheu war und ihr das Repräsentieren zuwider war, verfiel sie immer mehr aufs Schweigen.

»Ihr Schweigen jedoch wurde als Ausdruck mangelnder Intelligenz gewertet und untermauerte ihren Ruf, ein ›schönes Dummerl‹ zu sein. Sisi wiederum spürte in ihrer extremen Sensibilität diese negative Beurteilung und zog sich noch mehr von der wirklich oder vermeintlich feindlichen Umwelt in ihre selbstgewählte Isolation zurück.«

Sisi ist zu Hause im stillen Kämmerchen oft explodiert, aber schließlich immer öfter implodiert: Sie resignierte und zog sich zurück. Auch diese Reaktion ist sehr verständlich – wenn das Ausflippen verboten ist oder wenn es nichts mehr nützt.

Allein im Haifischbecken

Dass Sensible einen hochreagiblen Mandelkern haben, wissen wir bereits. Dass sie deshalb auf neue Situationen rasch und nachhaltig reagieren ebenfalls. Aber ist uns auch klar, dass sich ein umwälzendes Lebensereignis bei uns viel tief greifender auswirkt als bei robusteren Mitmenschen?

Die erste große Umwälzung im Leben der von mir befragten Frauen war der Wegzug von zu Hause, von ihrer Familie. Dieser wird oft dann nötig, wenn der junge Mensch seine Schule abgeschlossen hat und in einer anderen Stadt seine Ausbildung oder sein Studium aufnimmt.

Allein in der großen Stadt: »Ich fühlte mich alleine, isoliert und wusste nicht, was auf mich zukommen würde. Am Anfang hatte ich schreckliches Heimweh. Zum Glück gab's am Studienort viele Studentenkneipen, wo man leicht Leute kennen lernen konnte,« schrieb mir eine der Frauen.

Fast alle Frauen gaben auf die Frage nach den »aufwühlenden Übergängen« den Wegzug in eine fremde Stadt an. Ob sie sich in der neuen Stadt wohl fühlten, hing entscheidend davon ab, ob sie schnell Freunde fanden oder nicht. Kurz nach dem Umzug fühlten sich die sensiblen Frauen verlassen, allein, verloren, überfordert, ausgeschlossen und nicht zugehörig. Fern vom »Hotel Mama« musste plötzlich ein kleiner Haushalt geführt werden. Man musste morgens alleine pünktlich aus dem Bett kommen, musste einkaufen, Wäsche waschen, putzen, sich mit dem Vermieter auseinander setzen und mit einem kleinen Budget zurechtkommen.

Aber man war auch sein eigener Herr. Keiner meckerte, wenn es mal später wurde, wenn das ungewaschene Geschirr eine Woche herumstand und schon Schimmel ansetzte oder wenn das Zimmer als Refugium für drei Kneipenleichen herhalten musste.

Die neu gewonnene Freiheit, das rasche Eingehen von Affären und das schnelle Schließen von Freundschaften – meist zu anderen Entwurzelten – machten das Heimweh und den umfassenden Kontrollverlust erträglicher.

Leider ist das noch nicht alles. Waren die hochintelligenten, sensiblen Mädchen an ihren Schulen oft Spitzenschülerinnen gewesen, so sahen sie sich nun mit anderen ehemaligen Spitzenschülern und -schülerinnen konfrontiert. Dies nennt man »Big fish – small fish«-Syndrom: In der Schule ist man ein großer Fisch, an der Uni nur ein kleiner – ein sehr kleiner oftmals. Wer nun alles gewissenhaft und richtig machen möchte, um rasch ein »big fish« zu werden, überfordert sich häufig selbst.

Die Folgen kennt jede Studentenberatungsstelle: zwanghaftes Lernen, Isolation und oft genug die Zuflucht zu Süchten. Alkohol-, Drogenkonsum und Essstörungen sind manchmal die schnellen »Lösungsversuche«.

Auch die sensible Prinzessin Elisabeth – Sisi – hatte es nicht leicht mit dem Wegzug von zu Hause. Sie wurde mit 16 Jahren mit dem österreichischen Kaiser Franz-Joseph verlobt und kam einen Tag vor der Hochzeit von Possenhofen in Bayern zu ihm nach Wien. Ihre Mutter hatte größte Bedenken, da sie Sisis Hang zur »Flucht in die Innerlichkeit, deren Abscheu vor Äußerlichkeiten« kannte, und sie »kannte den Wiener Hof, der vornehmlich auf Äußerlichkeiten, Rangfragen, aber auch Geldfragen achtete.« So wurde Sisi nach der viertägigen Reise mit dem Schiff und der Kutsche unter großem Pomp empfangen. »Von ihrer Ankunft am Nachmittag bis in die späte Nacht war die von ihrer Reise erschöpfte Sechzehnjährige in ständiger Beobachtung wildfremder, nicht durchwegs wohlgesinnter Menschen ... Ihre Erschöpfung war für jedermann sichtbar. In ihrer gläsernen Kutsche weinte sie unaufhörlich. Ob Sisi allerdings (die Huldbeweise) zur Kenntnis nahm, ist mehr als fraglich. Schluchzend kam sie in ihrem neuen Heim, der Wiener Hofburg, an. Beim Ausstieg aus der Karosse strauchelte sie, da ihr Diadem an der Türfassung des Wagens hängen blieb. Dieses Mißgeschick passierte ihr ausgerechnet angesichts der versammelten kaiserlichen Familie.«

Haifischbecken und Albträume gibt es in allen sozialen Schichten.

Zwanghaft nett?

»Letzten Sonntag hatten wir Besuch. Eine befreundete Familie mit drei Kindern kam zum Mittagessen. Ich musste also für sieben Personen kochen. Wer mich kennt, weiß, wie ungern ich koche. Und besonders für so viele Leute. Ich wählte also ein Gericht, das mir immer besonders gut gelingt: ungarisches Gulasch. Als Beilagen dachte ich mir Salzkartoffeln, Lauchgemüse und grünen Salat. Da nicht alle der Kinder Fleisch und Salat essen, bot Werner an, noch Spaghetti zu kochen. Zum Nachtisch sollte es Eis und selbst gebackene Waffeln geben.« Elsie ist schon wieder vom Erzählen ganz »echauffiert«. So hätte man zu Sisis Zeiten gesagt.

»Einmal abgesehen von den großen Mengen, die ich verarbeiten musste, merkte ich auch, dass meine Schüsseln alle nur für die Kleinfamilie taugen. So musste ich auf die Plastikschüsseln zurückgreifen, die ich normalerweise nur für die Kindergartenfeten benutze. Das hat meine Laune nicht gerade gehoben. Klar hätte ich früher größere kaufen können, aber ich hatte einfach nicht daran gedacht.

Das Gulasch hatte ich schon am Samstag zubereitet und gekocht, sodass ich es nur aufwärmen musste. Ich machte mich auch rechtzeitig ans Kochen, weil ich schon weiß, dass ich es mit dem Timing oft nicht so hinkriege.

Als es dann an der Türe klingelte und die Familie schon davorstand, befiel mich die Panik. Einer von uns hatte sich in der Zeit vertan. Und nun standen sie da und ich konnte sie nicht mehr wegschicken.« Elsie streicht sich eine vorwitzige dunkelblonde Locke aus dem »echauffierten« Gesicht. Sie nippt an ihrem Glas.

»Werner kümmerte sich um die Gäste, ich fing an zu kochen. Meine Freundin kam in die Küche und bot ihre Hilfe an. Das war auch o. k. Sie schälte die Kartoffeln, ich putzte den Salat und den Lauch. Leider redete meine Freundin fast

pausenlos über die Probleme, die sie mit ihrem Mann hat.
Ich wurde immer verwirrter im Kopf. So verwirrt, dass ich
vergaß, das Kartoffelwasser aufzusetzen. Dadurch verloren
wir wertvolle Zeit. Die Kinder hatten inzwischen alle Hun-
ger. Werner kam in die Küche und kochte seine Spaghetti.
Und natürlich auch Ulrich, der Mann meiner Freundin, und
alle vier Kinder. Alle wollten zugucken. In der Küche war
kein Durchkommen mehr möglich. Meine Freundin er-
kannte das und schickte alle vier Kinder aus der Küche. Ich
hätte es nicht geschafft, sie rauszuschmeißen. Als die Kartof-
feln endlich fertig waren, war der Lauch zerkocht. Der Salat
war zu sauer, da ich mich bei der Riesenmenge mit dem
Würzen verschätzt hatte. Zum Schluss war auch das Gu-
lasch zu wässrig, da durch das lange Kochen immer wieder
etwas Flüssigkeit zugefügt werden musste. Aber da konnte
ich zum Glück etwas abschöpfen.

Als dann endlich alles auf dem Tisch stand, waren Wer-
ners Spaghetti am knackigsten. Alle wollten Spaghetti. Wer-
ner war der King. Und ich – ich hätte die Töpfe und Schüs-
seln am liebsten aus dem Fenster geworfen. Und dann
meinte Ulrich ganz frech: Die wahre Qualität einer Gastge-
berin erkennt man erst, wenn etwas schief geht. Ich hätte
ihn erwürgen können.«

Das war Elsies Erlebnis mit dem »Chaos-Kochen«. Und
das ist leider kein Einzelfall. Nachgeben, bis man nicht
mehr weiß, wo man selbst steht – erkennen Sie sich wieder?

Druckmuster

Wir Sensiblen möchten von Natur aus alles gerne richtig
machen. Wir möchten keinen Stress, keine Aufregung und
mit allen gut auskommen. Wir sind gewissenhaft, zuver-
lässig und gerechtigkeitsliebend. Erst wenn uns alle wohl

gesonnen sind, können wir uns entspannen. Dann fallen Druck und Anspannung von uns ab. Dann – und erst dann – gibt unser Mandelkern endlich Ruhe.

Unter Druck verstehe ich Erwartungsdruck, Anpassungsdruck, aber auch Zeitdruck. Es gibt verschiedene Möglichkeiten, mit Druck von außen umzugehen: Man kann nachgeben, man kann ausweichen, man kann Gegendruck machen oder eine Kombination aus allem.

Die Frauen, die meinen Fragebogen ausgefüllt haben, sollten sich entscheiden, ob sie im Allgemeinen auf Druck eher nachgeben, ausweichen, dagegen drücken oder eine Kombination daraus anwenden. Mehrfachnennungen waren erlaubt.

Das Ergebnis hat mich nicht überrascht: Zwölfmal wurde »nachgeben« angegeben, neunmal wurde »ausweichen« genannt, viermal wurde eine Kombination aus »nachgeben« und »ausweichen« angeführt und nur zweimal wurde eine Kombination aus »nachgeben« und »Gegendruck machen« genannt. Es überwiegt somit deutlich das Nachgeben als Reaktion auf Druck.

Mit dem Nachgeben ist das so eine Sache: Man hat dann zwar kurzzeitig seine Ruhe, aber auf lange Sicht wird der Druck immer schlimmer. Unser Mandelkern gibt zwar keine Alarmsignale mehr, wenn alles »in Ordnung« ist, aber tun dies auch unsere Mitmenschen? Unsere Männer, Kinder, Chefs, Kollegen, Freunde?

Die haben inzwischen gelernt, dass sie mit uns alles machen können. Wer viel wegarbeitet, bekommt immer wieder neue Arbeit nach. Ein englisches Sprichwort lautet nicht umsonst: »A mother's work is never done« (etwa: Eine Mutter hat nie Feierabend). Und wer dann noch das Image der Zuverlässigen aufrechterhalten möchte, dem geht es wie den Frauen in meinem Buch »Brave Mädchen holt der Wolf«: Die waren alle so nett, dass sie ihre eigenen Bedürfnisse aus den Augen verloren hatten. Ob sie alle sehr sensibel waren, weiß ich nicht. Sicher ist nur, dass sie ihre eigene stille Kraft nicht optimal entfalten konnten.

»Welche Eigenschaften fanden Ihre Eltern gut an Ihnen?«, fragte ich die 17 Hochsensiblen. Dabei wurde neunmal »strebsam/ehrgeizig« genannt. Gute Schulnoten, hieß dies konkret. An zweiter Stelle nannten die Frauen »vernünftig, einsichtig« (siebenmal). Wenn dem Kind also erklärt wurde, warum bestimmte Dinge nötig waren, dann konnte man auf seine Kooperation zählen. Auch »brav/lieb« (dreimal) und »hilfsbereit« und »unproblematisch/zurückhaltend« (sechsmal) wurden genannt.

Interessant ist dieses Ergebnis, wenn man es in Kombination mit der Frage »Was stört mich an meiner Sensibilität?« sieht. Hier steht die mangelnde Abgrenzung von den Ansprüchen anderer an erster Stelle:

- »Die Sensibilität erschwert die Abgrenzung von anderen Menschen und von stressigen Situationen. Sie hindert mich, unbefangen zu sein, da ich zu viel hinterfrage und grüble.«

- »Sie hindert mich, egoistischer zu sein, härter zu sein und meine Ellbogen zu gebrauchen.«

- »Ich bin zu nachgiebig und kann das Hineinversetzen in andere nicht abstellen. Deswegen finde ich Entschuldigungen für sie und lasse mir zu viel gefallen.«

- »Ich fühle mich schnell verantwortlich für das Wohl anderer.«

- »Meine Sensibilität hindert mich daran, egoistischer zu sein und größere Veränderungen in meinem Leben durchzusetzen.«

Aber macht die Sensibilität allein wirklich »zwanghaft nett«?

Spannungen unerwünscht

Wie stellen wir uns eine »nette« Frau vor? Freundlich, zuvorkommend, einfühlsam, verständnisvoll? Dagegen ist an sich nichts einzuwenden. Zumindest nicht aus der Sicht desjenigen, der so einer netten Frau begegnet. Für die »nette« Frau sieht es aber ganz anders aus, wenn sie immer »nett« sein muss.

»Immer wenn jemand im Büro fragt ›Ist noch Kaffee da?‹, dann bin ich schon mit der Kanne zu ihm unterwegs. Das geht automatisch und immer so. Egal wer es ist, der fragt«, bekannte eine meiner Klientinnen. Ein solches Verhalten kann »zwanghaft nett« sein. Wenn ein zwanghaftes Verhalten unterlassen wird, kommt Angst hoch, Angst, dass etwas Schlimmes passiert oder dass man nicht mehr gemocht wird. Oder auch »nur«, dass der andere von uns enttäuscht sein könnte.

»Ich spüre gleich, wenn ich in einen Raum komme und dort dicke Luft herrscht. Dann lasse ich mir davon gleich die gute Laune verderben. Ich möchte ausgleichen, helfen, beschwichtigen. Hauptsache, die Spannung ist bald vorbei«, ist Elsies Kommentar dazu. Diese Reaktion ist hochsensibel, da der Mandelkern Alarm schlägt. Ich frage Elsie, ob es ihr denn Angst machen würde, wenn sie die Harmonisierungsbemühungen unterließe. Sie überlegt kurz und meint dann: *»Nein, Angst ist das eigentlich nicht. Es ist mir nur unangenehm, wenn Spannung im Raum ist.«*

Ich vermisse in der deutschen Sprache einen Ausdruck für »alertness«. Wir haben nur das Wort »Alarm/Alarmiertheit«, sowohl für den Zustand erhöhter Aufmerksamkeit als auch für den »Alarmzustand«. Sprachen, denen das Lateinische zu Grunde liegt, unterscheiden zwischen »Alert« (erhöhte Aufmerksamkeit) und »Alarm«, der immer eine Gefahr und damit Angst einschließt.

Ein Hochsensibler reagiert rasch mit erhöhter Aufmerksamkeit und Wachsamkeit, was nicht unbedingt immer bedeuten muss, dass er auch Angst verspürt. Manchen hochsensiblen Frauen wird die erhöhte Alarmbereitschaft (oder besser gesagt »Alertbereitschaft«) in der Familie als Ängstlichkeit und gar als Feigheit ausgelegt. Ein hochsensibles Kind, das »alert« ist und eine Denkpause benötigt und deswegen zunächst einmal nein sagt, wird rasch als »stur« und »bockig« bezeichnet (erinnern Sie sich an Deborah im Theater!). Leider neigen Kinder dazu, die Urteile ihrer Eltern zu übernehmen und sich selber so zu sehen – also stur und bockig.

»Ich galt in der Familie als stur. Meine Eltern drückten mir den Stempel auf »Die ist halt so – die macht nur, was sie will« und sehen mich im Rückblick als freches und eigensinniges Mädchen. Ich selber sehe mich im Rückblick als schüchtern, verklemmt, unsicher, ängstlich, labil und missverstanden an. Erst als junge Frau versuchte ich mich selber zu finden, zu definieren und zu sagen: Jawohl, so bist du – und das ist gut so. Und zwar unabhängig davon, ob es euch passt oder nicht. Das ist nicht so einfach, wenn man immer ganz anders wahrgenommen wurde, als man sich selbst sah und sieht, und wenn man den Anspruch hat, eigentlich doch mit allen klarzukommen und von allen gemocht zu werden«, schrieb mir eine Frau.

Tatsächlich gaben neun Frauen an, dass sie öfters wegen ihrer Sturheit getadelt wurden. Das muss nicht heißen, dass diese Frauen wirklich stur waren, sondern es kann auch heißen, dass jedes Anzeichen von Eigensinnigkeit und Charakterstärke in den Herkunftsfamilien als Sturheit interpretiert wurde. Dafür spricht auch, dass so viele hochsensible Frauen gelobt wurden, wenn sie brav und vernünftig waren. Pflegeleichte Mädchen sind eben beliebt.

Lahm, stur und faul ?

Auf die Frage: »Welche Eigenschaften wurden Ihnen als Kind vorgeworfen?« wurde die »Sturheit« mit weitem Abstand am häufigsten genannt (neunmal). Da es sich um eine offene Frage ohne vorgegebene Antwortmöglichkeiten handelte, hat mich dieses Ergebnis umso mehr erstaunt. Worin besteht diese Sturheit?

»Als stur bezeichneten mich meine Eltern, wenn ich bockig und dickköpfig war. Anstatt zu akzeptieren, dass ich bestimmte Dinge einfach nicht wollte, machten sie mir Vorwürfe, wenn ich nicht so war wie sie. Ich lernte, dass man nicht stur sein darf. Also zog ich daraus den Schluss, dass ich den anderen nur gefalle, wenn ich nachgebe. Das habe ich dann in der Schule so häufig praktiziert, dass ich irgendwann gar nicht mehr wusste, was ich eigentlich selbst wollte. Auf der einen Seite war Selbstständigkeit gefordert, auf der anderen Seite Gehorsam und Anpassung. Und Krach und Streit sollte es dabei auch nicht geben. Ich frage Sie, wie soll das gehen?« Elsie macht ein ratloses und trauriges Gesicht.

Der trotzige Aspekt der Sturheit sagt: »Ich will nicht und ich mache das nicht!« Ein Nein, ein eigener Wille – beides dient dazu, die eigene Würde zu bewahren. Die Sturheit könnte aber auch einfach ein Schutz gegen die Angst vor Kontrollverlust sein. Wenn ich mich hartnäckig weigere, mich auf eine neue Situation einzulassen, wird sie mir vielleicht erspart werden. Es sind wohl beide Aspekte gültig. Eigentlich könnten Eltern auf ein Kind, das weiß, was es will und was nicht, auch stolz sein, oder?

»Immer bist du die Letzte!« und »Hoffentlich hast du's bald!« waren die zweithäufigsten Vorwürfe, den sich die hochsensiblen Kinder anhören mussten. Der Vorwurf der Langsamkeit sitzt ebenfalls tief.

Elsie sagt dazu:

»Klar war ich immer die Langsamste. Die bin ich heute noch in meiner Familie. Aber ich bin es auch, die schaut, ob die Fenster zu sind, wenn wir weggehen, und ob der Herd ausgeschaltet ist. Wenn man sich um alles kümmert, dann kostet das eben Zeit. Leider nimmt die Umwelt die Leistungen, die man bringt, immer als selbstverständlich hin. Auch sorgfältiges und gründliches Arbeiten wird als selbstverständlich vorausgesetzt. Und das braucht halt Zeit!«

Tatsächlich haben alle 17 befragten Frauen der Aussage »Ich bin gewissenhaft« zugestimmt. Auch in dieser Beziehung werden Hochsensible oft als »lahm« verkannt. Wenn ein gründlicher und sorgfältiger Arbeiter auch noch blitzschnell sein soll, gerät er unter erheblichen Stress.

Zeitdruck macht Hochsensiblen viel aus und mindert ihre Leistung erheblich. Sie werden nervös, fahrig und machen Fehler. Da sie gewissenhaft sind, nehmen sie sich diese Fehler zu Herzen und entwickeln so Scham und Schuldgefühle. Beides führt zu weiterem Stress, woraufhin sich die Fehler wiederum häufen. Hier zeigt das Prinzip, auf Druck mit nachgeben zu reagieren, seine verheerende Wirkung.

»Faulheit« wurde ebenfalls häufig als Vorwurf genannt (siebenmal). Wieso faul? Sind es nicht die hochsensiblen Mädchen, die die Wünsche der Eltern erahnen und sie dann erfüllen?

»Doch«, bestätigt Elsie, *»aber es war bei mir der ›Fluch der guten Tat‹. Weil ich viel fleißiger war als mein Bruder, war mein Fleiß selbstverständlich. Habe ich mal weniger Leistung erbracht, dann galt ich gleich als faul. Machte mein Bruder überhaupt mal etwas im Haushalt, dann wurde er überschwänglich gelobt. Faul und fleißig sind hier sehr relativ.«*

Es gibt noch einen anderen Aspekt der Faulheit. Etliche Frauen haben auch das »Ausweichen« als ihr Reaktionsmuster auf Druck genannt. Vielleicht war die Faulheit eine Art Verweigerung des Gehorsams, ein indirektes Aufmucken?

Für andere fleißig zu sein, heißt ja auch fremdbestimmt zu arbeiten, verfügbar zu sein für andere. Sich dem zu widersetzen und ein eigenes Programm dagegenzusetzen ist an sich nichts Negatives – für liberale Eltern, versteht sich. Nicht so für den Vater einer Frau, die im Fragebogen schreibt:

»Da ich musikalisch sehr begabt bin, ging ich freiwillig zum Geigenunterricht. Da ich aber sehr faul war und nicht gerne übte, weil mein Vater das immer von mir erwartete und ich irgendwann den Spaß daran verlor und am Ende nur für meinen Vater zum Unterricht ging, ›damit das Talent nicht verloren und das Geld nicht zum Fenster hinausgeworfen war‹, und meine Geigenlehrerin eine strenge Russin war, endete die Geigenstunde oft in Tränenausbrüchen.«

Die Eltern dieser Frau hielten sie als Kind für stur, launisch, faul, trotzig und uneinsichtig. Die Frau wurde später magersüchtig.

Wie ein Wesen vom anderen Stern

Dass sie anders sind als die übrigen Familienmitglieder, haben 16 von 17 befragten Frauen schon früh gespürt. »Anders« zu sein heißt, nicht richtig dazuzugehören, oft nicht verstanden zu werden und als Konsequenz verspottet und beschimpft zu werden.

Einige Frauen wurden sogar als »nicht normal« bezeichnet. Weshalb?

● »Ich wuchs unter standfesten, tüchtigen Schwaben auf«, schreibt eine 55-jährige Frau, »als Blatt im Wind, empfindlich wie eine Mimose.«

- »Ich lebte in Tagträumen, hatte eine ungeheure Fantasie. Als Teenager liebte ich eher die Ruhe als das Halligalli, wie meine Freundinnen. Ich dachte, ich bin nicht ganz normal.«
- »Ich war phlegmatischer und empfindlicher als andere. Jedenfalls sah das meine Familie so.«
- »Ich merkte, dass ich öfter und intensiver über alles Mögliche nachdachte und andere dies nicht nachfühlen konnten.«
- »Ich war eine schüchterne Einzelgängerin fühlte mich unwohl unter Menschen und ausgeschlossen, da ich andere Interessen hatte.«
- »Ich habe schon früh schwere Lektüre, wie ›Anna Karenina‹ von Tolstoi, gelesen und interessierte mich für Gedichte und Psychologie.«
- »Ich sah fast nicht fern, außer Tierfilmen, und fühlte mich zutiefst mit der Natur und den Naturvölkern verbunden. Ich konnte stundenlang bewegungslos dasitzen und Tiere beobachten. Ich war nie in großen Gruppen, sondern hatte nur wenige gute Freundinnen. Schon damals war ich eine gute Zuhörerin und für alle da. Und ich fühlte mich nie richtig zugehörig und meist allein, auch inmitten vieler Leute.«

Was soll an geistigen Interessen so schlimm sein? Mir fällt auf, dass die meisten Frauen, die ich befragt habe, aus der Arbeiter- und Kleinbürgerschicht stammen. Dort galten andere Werte: Es wurde von früh bis spät gearbeitet, und zwar körperlich. Müdigkeit, Überforderung und Lustlosigkeit durften nicht geäußert werden. Die »verzärtelten, anspruchsvollen und zickigen« Hochsensiblen hatten dort meist keine Lobby.

Auch Elaine Aron schreibt, dass Hochsensible in Einwanderergesellschaften keinen leichten Stand haben. Einwanderer möchten sich rasch integrieren, anpassen und es zu etwas bringen. Dafür ist es nötig, dass sie unermüdlich arbeiten. Auch in der Unterschicht und unteren Mittelschicht muss sehr viel gearbeitet werden, um sich einen guten Lebensstandard zu schaffen. Dies heißt oft, draußen in der Welt fremdbestimmt zu arbeiten und nach Feierabend am Häuschen zu bauen. Die eigenen Belastungsgrenzen interessieren niemanden. Nur wer eine schwere Krankheit bekommt, wird entschuldigt.

Ganz in der Nähe von meinem Wohnort steht ein Haus, das in den Fünfzigerjahren, also nach dem Krieg, erbaut wurde. Dieses Haus ziert folgender Spruch, der das oben beschriebene Arbeitsethos auf den Punkt bringt:

Ohne Mühe früh bis spät,
Wird dir nichts geraten.
Der Neid sieht nur das Blumenbeet,
Aber nicht den Spaten.

Was zu sehr zu Herzen geht

»Am schlimmsten empfand ich es immer, wenn sich meine Eltern gestritten haben. Ich sollte immer als Schiedsrichter fungieren. Ich weigerte mich meist und rannte dann heulend in mein Zimmer. Das haben meine Eltern nie verstanden. Ich selbst konnte diese Disharmonien nicht verkraften. Sie trafen mich mitten ins Herz und erzeugten in mir tiefe Verzweiflung. Ich fühlte mich völlig hilflos, ohnmächtig und ausgeliefert. Wenn sich meine Eltern heute streiten, dann packe ich sofort meine Sachen und gehe nach Hause. Das tue ich mir nicht mehr an. Aber als Kind hast du keine Wahl und musst durchhalten.«

So wie Elsie geht es vielen Hochsensiblen. Hässliche Worte, Abwertungen, Vorwürfe und lautes Brüllen machen nicht nur Angst. Wer sich alles Gesagte so zu Herzen nimmt wie ein Hochsensibler, nimmt auch alles ernst und kann es nicht einfach an sich abprallen lassen.

»*Meine Eltern haben mich mal ein ›elendes Dreckschwein‹ genannt, bloß weil ich mein Zimmer nicht aufgeräumt hatte. Das hat mich so tief getroffen, dass ich mich immer für schlampig und unordentlich hielt. Bis vor ein paar Jahren, als ich bei einer Fortbildung mit einer anderen Frau im selben Zimmer wohnte. Ihr fiel sofort auf, dass ich meine Schuhe immer fein säuberlich nebeneinander unters Bett stellte und die Kleider sofort in den Schrank hängte. Aber es fiel ihr auch auf, dass ich mich überhaupt nicht entspannen konnte. Und dann sagte sie zu mir: ›Du kannst dich nicht gut gehen lassen, wie?‹ Daraufhin begann ich mich zu beobachten und stellte fest, dass diese Frau Recht hat. Immer strenge ich mich an, kein ›elendes Dreckschwein‹ zu sein. Meine Eltern ahnen gar nicht, was sie mit diesem rüden Ausdruck angerichtet haben*«, sagt Elsie traurig. Auch diese Kränkung sitzt noch tief.

Ein rüder Umgangston und Streit in der Familie setzten den hochsensiblen Frauen sehr zu, weil sie natürlich als Kinder nicht relativieren konnten. Ein unaufgeräumtes Zimmer ist kein Schwerverbrechen. Aber was sollen Kinder machen, wenn die Eltern es ahnden, als wäre es eines? Und das Schlimmste: Die Hochsensiblen fühlten sich bis aufs Mark schuldig und minderwertig. Daran haben viele heute noch zu knabbern.

Auch den Satz »Sei wie andere!« mussten sich viele Frauen anhören. Und das hieß: Halte gleich viel aus wie andere, habe viele Freunde, denke nicht zu viel nach und hinterfrage nicht alles.

Wer zu Hause nicht gewürdigt und geschätzt wird, tut sich schwer, ein gutes Selbstwertgefühl aufzubauen. Die Schule kann in dieser Hinsicht Fluch und Chance zugleich sein. Manche Frauen fanden verständnisvolle Lehrer, die ihre Sensibilität zu schätzen wussten und mit guten Noten würdigten. Dies gab den Mädchen ein inneres Refugium. Wurden ihre Feinfühligkeit und ihr Spürsinn in der Schule gewürdigt, konnte dies zum Teil die Entwertungen aus dem Elternhaus auffangen.

Fluch war die Schule dann meist im Sportunterricht: Zimperlich waren die Mädchen beim Völkerball, ängstlich beim Bockspringen, zu langsam beim Schwimmen. Irgendwie durchhalten, war ihre Devise. Die Hölle jedoch war für manch hochsensibles Mädchen das Ferienlager:

»Als ich acht Jahre alt war, steckten meine Eltern mich gegen meinen Willen in ein Zeltlager. Es war von der Kirche organisiert und aus meiner Klasse waren auch drei Mädchen dabei. Ich konnte sie nicht besonders gut leiden, weil sie so falsch waren. Und es kam, wie es kommen musste: Wir waren zu viert im Zimmer und schon am ersten Tag schlossen sie mich auf ganz perfide Weise aus. Sie sprachen mich nie an. Sie vermieden Blickkontakt. Sie tuschelten, und wenn ich sie darauf ansprach, dann taten sie freundlich. Da es draußen die ganze Zeit regnete und kalt war, fühlte ich mich sehr ungeborgen. Ich konnte nirgends hingehen. Als ich versuchte, mich an eine Betreuerin zu klammern, verstand sie meine Not nicht und ›verriet‹ mich, indem sie meine ›Unselbstständigkeit‹ vor allen anprangerte. Zum Glück bekam ich am vierten Tag hohes Fieber und mein Vater musste mich abholen.«

Damit waren Ferienlageraufenthalte für Elsie ein für alle Mal erledigt. Und sie hat es nicht bereut.

Andere »Software«, andere »Hardware«

Schwache Nerven?

Der russische Forscher Pawlow mochte die Sensiblen nicht. In seiner Temperamentlehre postulierte er, dass das Temperament von der Beschaffenheit des Nervensystems abhänge. Wenn Hochsensible sich in vielen Verhaltensweisen – also salopp ausgedrückt – in der »Software« von den weniger Sensiblen unterscheiden, dann stellt sich die Frage, ob die »Hardware«, also die Physiologie des Gehirns, sich ebenfalls unterscheidet. Dass der Mandelkern bei Sensiblen reaktionsbereiter ist, ist die eine Sache. Die andere ist, dass Pawlow den Sensiblen »schwache Nerven« unterstellte und sie für »mehr oder minder vital defekt« hielt. Sie sollten als »lebensuntüchtig, belastungsunfähig und häufig als zur Krankheit prädisponiert anerkannt werden. Ihr Verhalten wird leicht durch häufige und rasche Veränderungen der Umwelt gestört ...« Allerdings räumte Pawlow ein, dass »solche Individuen als wertvoll angesehen werden, wenn man sie unter Glashaus-Bedingungen aufzieht«. Aha!

Iwan Petrowitsch Pawlow (1849–1936) war jener russische Physiologe, der den bedingten Reflex entdeckt hatte. Sie erinnern sich sicherlich noch an den »Pawlowschen Hund« aus dem Biologieunterricht, der gelernt hatte, Speichel abzusondern, wenn eine Glocke ertönte. Denn diese Glocke bedeutete: Gleich gibt's Futter.

Für die sowjetrussische Physiologie und Psychologie

bedeuteten Pawlows Entdeckungen den Nachweis der »materiellen Natur der psychischen Tätigkeit«. Oder anders ausgedrückt: Nicht nur die »Software« (Verhalten) der Sensiblen soll anders sein, sondern auch deren »Hardware« (Nerven).

Nicht nur im zaristischen Russland, auch zu Zeiten der Sowjetunion diente die Psychologie mit ihren Kategorisierungen – seien dies nun Intelligenzunterschiede oder Temperamentsunterschiede – dazu, den »richtigen Mann für den richtigen Job« zu finden. Dies galt zuallererst für das Militär, dann für die Schulen, später auch für Berufe. Hochsensible machen ihre Schreckhaftigkeit, ihr gutes Einfühlungsvermögen auch in andere, ihre Mitleidsfähigkeit und ihr selbstständiges Denken (»Sturheit«) nicht gerade zu Spitzensoldaten an der Front. So muss man Pawlows abfällige Bewertung über diejenigen »mit den schwachen Nerven« wohl in diesem Zusammenhang sehen.

Pawlows Nachfolger sahen den Charaktertyp mit den schwachen Nerven differenzierter. Sie erkannten im schwachen Nervenkostüm erhebliche Vorteile, wenn auch nicht auf der Ebene der Widerstandsfähigkeit. Sie bescheinigten diesem Temperamentstypus »hohe Sensibilität, niedrige Ausdauer« und schrieben ihm zwar bei starken und lang anhaltenden Reizen eine geringere Belastbarkeit zu. »Bei Tätigkeitsbereichen jedoch, in welchen die Bedeutung der Sinnesorgane im Vordergrund steht, hat dieser vergleichsweise bessere Voraussetzungen als der starke Typ.«

Pawlows Nachfolger in Russland und Polen fanden heraus, dass die Menschen mit dem »starken Nervensystem« starke Reize benötigen, um optimal zu funktionieren. So fanden sie heraus, dass »robuste« Schüler auf schlechte Noten (starke Reize) mit erhöhter Motivation reagierten. Die sensiblen Schüler jedoch reagierten auf eine schlechte

Note mit Desinteresse, Müdigkeit und Resignation. Die Psychologen zogen daraus den Schluss, dass der robuste Typ starke Reize benötigt, um den optimalen Erregungszustand aufrechtzuerhalten, und dass der Typ »mit dem schwachen Nervensystem starke Reize zur Erhaltung des optimalen Erregungsniveaus meidet«. Erst wenn der sensible Schüler seine Einstellung zur schlechten Note verändert hatte (»Die zählt ja gar nicht« oder »In der Arbeit waren ja alle schlecht«), fand er sein inneres Gleichgewicht wieder.

Tatsächlich verlieren Hochsensible manchmal rasch den Mut und sagen sich: Ich schaffe es sowieso nicht. Sie verzagen zu schnell und geben auf. Es sei denn, sie werden ermutigt und bekommen Schützenhilfe.

Bei den Forschungen von Elaine Aron hat sich gezeigt, dass Sensible sehr störanfällig sind und in ungünstigen Situationen viel schlechtere Leistungen erbringen als die Robusten. In einem für sie günstigen Klima erbringen Sensible jedoch wesentlich bessere Leistungen als Robuste. Gute Bedingungen sind also für uns das A und O.

Frauen ticken anders …

»*Meine Frau ist mir immer wieder ein Rätsel, vor dem ich fasziniert stehe und das ich in keiner Weise verstehen kann*«, erzählt mir Elsies Mann Werner. An Werner ist alles praktisch: die blauen Jeans, der grüne Parka, die festen braunen Schuhe, die schmucklose Brille und der pflegeleichte Haarschnitt. Schnörkellos und zeitlos. Erinnern wir uns daran, dass er Techniker ist, denn das ist hier wichtig.

»*Elsie hat zwei Freundinnen. Ihre besten Freundinnen, wie sie sagt. Wenn diese zwei Weiber bei uns einmarschieren, dann verziehe ich mich ganz schnell, denn das halte ich* im Kopf nicht aus. Die stehen dann vor Elsies Kleiderschrank und holen alle Klamotten heraus.« Werner unterbricht sich selbst vor Lachen.

»Und dann befühlen sie die Stoffe, kombinieren die einen Klamotten mit anderen Klamotten und unterhalten sich ernsthaft darüber, wie ihnen die Farben stehen. Manchmal probieren die Freundinnen Elsies Kleider sogar an! Und der Gipfel ist, dass sie dann auch noch zusammen einkaufen gehen – ›shoppen‹ nennen sie das – und sogar zu zweit oder zu dritt in eine Kabine gehen. Also bitte, ich kann mir nicht vorstellen, dass ich mit einem anderen Mann in eine Kabine gehe, mich vor ihm ausziehe und ihn dann betatsche, ob ihm der Anzug gut steht!« Werner schüttelt sich vor Lachen und Entsetzen. Dass auch ich eine Frau bin, die vielleicht ebenfalls »shoppen« geht, scheint ihn nicht zu stören.

»Wenn du als Mann so etwas machst, dann giltst du gleich als schwul. Aber mal ehrlich, ich kann mir nicht vorstellen, dass das ›Shoppen‹ Spaß machen kann. Ich selbst kaufe mir nur etwas zum Anziehen, wenn ich wirklich etwas brauche. Und das ist eher selten der Fall. Bevor ich Elsie kannte, hat mir meine Mutter die Kleidung gekauft. Jetzt bringt mir Elsie manchmal etwas aus der Stadt mit. Ich bin nicht anspruchsvoll.« Nein, Werner, den Vorwurf kann dir bestimmt keiner machen, denke ich etwas boshaft.

»Ein Rätsel ist mir auch, was diese Frauen so alles besprechen. Die reden eigentlich nur über sich und andere Leute: über Beziehungen, welches Kind was gesagt hat und dabei vielleicht gedacht haben könnte, was mit der Nachbarin los ist, weil die nicht immer grüßt, wieso meine Schwiegermutter immer noch versucht, meiner Frau zu sagen, wie sie zu kochen und zu putzen hat und was da so alles dahinterstecken könnte. Das ist mir viel zu kompliziert und dafür wäre mir die Zeit zu schade. Da repariere ich lieber die Waschmaschine, dann habe ich etwas Sinnvolles gemacht.«

Werners Beobachtungen werden von der neuesten Hirnforschung gestützt. Es gibt Menschen, die eher »personenzentriert« sind, und solche, die eher »objektzentriert« auf die Welt zugehen. Eine Arbeitsgruppe um den britischen Hirn- und Verhaltensforscher Simon Baron-Cohen untersuchte in einer Cambridger Entbindungsklinik über hundert einen Tag alte Babys. Dabei beugte sich eine Studentin mit gleich bleibendem Gesichtsausdruck über die Bettchen. Gleichzeitig hing ein – von der Untersuchungsgruppe »Alien« genanntes – Objekt über den Bettchen. Dieses Objekt war ein gesichtsgroßer Ball, der dieselbe Farbe hatte wie das Gesicht der Studentin. Der Ball war mit Augen, Mund und Haaren beklebt, die aber willkürlich angeordnet waren und deren Farben ebenfalls der Mund-, Augen- und Haarfarbe der Studentin entsprachen. Um dem »Alien« ein noch mechanischeres Aussehen zu verleihen, hängten die Forscher noch ein bisschen Material daran, das sich, wenn der »Alien« angestoßen wurde, mitbewegte. Nun wurde beobachtet und gefilmt, wie lange die Babys auf das Gesicht beziehungsweise auf den »Alien« schauten. Die Studentin wusste vorher nicht, welches Geschlecht die Babys hatten. Das Ergebnis war verblüffend und aufschlussreich: Die Mädchen schauten länger auf das Gesicht, die Jungen auf den »Alien«. Und dies im Alter von einem Tag.

Es ist also angeboren, ob ein Mensch eher an anderen Menschen oder an Gegenständen interessiert ist. Wer sich eher für Menschen interessiert, ist auch empathischer, einfühlsamer – das ist ein alter Hut. Was hat aber nun Empathie mit hoher Sensibilität zu tun?

Alle – ausnahmslos alle – von mir untersuchten hochsensiblen Frauen bezeichneten sich als sehr einfühlsam. Sie sahen sich als gute Zuhörerinnen (16 von 17 Befragten) und gaben an, dass sie leicht von der Stimmung anderer angesteckt werden (16 von 17). Auch bestätigten 14 von 17, dass sie bei Menschen und Tieren, die sich unwohl fühlen, oft wissen, was diesen jetzt gut täte.

Diese soziale Sensibilität nennt man Empathie. Die Statistik zeigt, dass sie bei Frauen ausgeprägter ist als bei Männern, und Hirnforscher Baron-Cohen spricht sogar von einem »Empathiegehirn« und von dessen »meist männlichem Gegenstück«, dem »Systematisierungsgehirn«.

Somit hat die unterschiedliche Weltsicht von Elsie und Werner einen Namen: E-Gehirn und S-Gehirn.

... Männer sowieso

»Wenn Werner mit seinem Kumpel in die Kneipe geht, dann unterhalten sie sich nicht über Probleme – Gott bewahre. Erstens haben die keine Probleme, und zweitens würden sie das sowieso nie zugeben. Die unterhalten sich über ihre Computer, über Autos und über Fußball – und das den ganzen Abend lang. Sie gehen auch nicht aufeinander ein. Jeder hält seinen Monolog und der andere will ihn noch übertrumpfen. Mit steigendem Alkoholspiegel geht es da hoch her. Sie streiten sich dann darüber, wie viele Tore der eine Bayernspieler geschossen hat und für wie viel Geld er wohin verkauft wurde. Das ist doch völlige Zeitverschwendung, so eine Unterhaltung.« Elsie schüttelt energisch den Kopf.

»Noch viel mehr rege ich mich allerdings auf, wenn Werner im Wohnzimmer sein Mofa repariert. Das bockt er dann auf dem Teppich auf. Zwar legt er eine Unterlage darunter, aber das verstunkene Ding steht dann stundenlang herum und verbreitet so etwas Ungemütliches. Ich selbst habe es gerne schön und gemütlich in meiner Wohnung, aber Werner legt darauf keinen Wert. Er könnte – wenn es nach ihm alleine ginge – auf einer Matratze neben einem

Haufen Elektronikschrott schlafen und aus der Dose sein Mittagessen essen. Zum Glück hat er sich schon etwas geändert, seit wir zusammen wohnen. Immerhin steht das Mofa nicht mehr tagelang herum, sondern muss am Abend aus dem Zimmer.«

So sieht es aus Elsies Perspektive aus. Es ist klar, dass Werner ein recht ausgeprägtes S-Gehirn (Systematisierungsgehirn) hat.

Um das Empathiegehirn und alles, was dazu gehört, besser zu verstehen und schätzen zu lernen, schauen wir uns das »Gegenstück« einmal genauer an. Manch eine sensible Frau hat zu Hause so einen S-Gehirn-Träger sitzen und könnte ein Buch über das »Leben mit Informatikern und anderen Technikern« schreiben. Leider neigen auch viele sensible und empathische Frauen dazu, die Schwierigkeiten mit der Rationalität und der emotionalen Kälte, mit der solche Männer in Beziehungen agieren, auf die eigene Kappe zu nehmen. Sie glauben, wenn sie schöner und schlanker wären, dann würde der Mann einfühlsamer und zugänglicher werden. Und sie strengen sich unentwegt an. Für diese Frauen bringt es eine Erleichterung, wenn sie wissen, was typisch für einen Mann mit S-Gehirn ist.

Natürlich verfügen die allermeisten Menschen über eine gute Mischung aus empathischen und technischen Fähigkeiten. Hochsensible Frauen gehören jedoch nach meiner Beobachtung zu den extremen E-Vertretern, die Baron-Cohen als »hyperempathisch« und als noch »unerforschte Gruppe« bezeichnet.

Die Funktionsweise des E-Gehirns kann vor dem Hintergrund des extremen S-Gehirns erkennbar werden. Das S-Gehirn ist darauf aus, Regeln in Systemen zu entdecken und diese zu knacken. Wer die Naturgesetze exakt beobachten kann und herausfindet, wann und unter welchen Bedingungen bestimmte Phänomene auftreten, kann daraus Schlüsse ziehen, die das Leben erleichtern. Angehörige der S-Fraktion sind oft Techniker, Mathematiker, Ingenieure, Elektriker, Installateure, Werkzeugmacher oder Programmierer. Schon vor dem Kindergartenalter zeigt sich, zu welcher Gruppe das Kind gehört. Während zweijährige Mädchen mit Puppen und Schmuck spielen, ziehen Jungen Bausteine, Waffen, Autos und Bagger vor. Jede Mutter eines Sohnes weiß, dass, wenn man seinem Kind Kriegsspielzeug verwehrt, es alle möglichen Gegenstände zur Pistole umfunktioniert. Findige Jungs beißen im Kindergarten sogar ihr Pausenbrot in Pistolenform und »schießen« damit. Egal, ob »politisch korrekt« oder nicht, es ist einfach so.

Jungen sammeln gerne: Steine, Projektile, Figuren, Fußballbilder, Modellautos. Und dann finden sie all die kleinen Unterschiede zwischen den einzelnen Exemplaren und katalogisieren sie.

»Ich kann mich erinnern, dass mein Sohn im Alter von etwa fünf Jahren Pistolen und Gewehre zeichnete, mit derart minutiösen Details, dass man Marke und Typ ausmachen konnte. Ich kenne kein Mädchen, das so etwas macht«, erzählte eine Frau.

Extreme S-Gehirne zeichnen sich dadurch aus, dass sie nur zu wenig Empathie fähig sind. Wer wenig Mitleid mit anderen hat, kann sich leicht über Spielregeln hinwegsetzen. Er kann anderen weh tun, sie austricksen, übervorteilen – ja sogar im Extremfall ermorden. Grenzen überschreiten, nach Macht und Beherrschung der Welt streben, das sieht nach S-Gehirn aus. Richtige Krieger sind nicht hochsensibel.

Von arroganten Physikern …

Extreme S-Gehirne finden wir vor allem bei Mathematikern und bei Physikern. Jedenfalls bei Top-Physikern, die den Nobelpreis bekommen haben und über die es Biografien und auch einige Anekdoten gibt.

Nach Hirnforscher Baron-Cohens Untersuchung gehört Modebewusstsein zu den Eigenschaften aus dem Empathie-Lager. Albert Einstein (1879–1955) war nicht modebewusst. Er trug, als er in Princeton Professor war, viele Jahre lang seinen alten Mantel. Seine Frau soll oft mit ihm geschimpft haben, wenn er in diesem alten Mantel aus dem Haus gehen wollte. Einsteins Gegenargumente waren bestechend: Als er noch unbekannt war, entgegnete er seiner Frau: »Es ist doch egal, was ich anhabe, es kennt mich ja keiner.« Und als er mit der Relativitätstheorie ein weltberühmter Professor geworden war, lautete sein Argument: »Es ist doch egal, was ich anhabe, mich kennt doch sowieso jeder.«

Die Frage ist für uns: Kann ein Mensch mit einem extremen S-Gehirn auch hochsensibel sein? Von Einstein wird berichtet, dass er als Kind einsam und verträumt gewesen sei. Sein Sohn Hans-Albert sagt über ihn: »*Er war ein sehr artiges Kind. Er war scheu und einsam und zog sich auch damals schon von der Welt zurück. Seine Lehrer hielten ihn sogar für geistig zurückgeblieben. Er hat mir erzählt, dass sein Vater von den Lehrern gesagt bekommen habe, er sei geistig zu langsam, ungesellig und ständig in seinen idiotischen Träumereien versunken.*«

Etwas Ähnliches wird über den englischen Physiker Isaac Newton (1643–1727) gesagt. Er soll wenig Sozialkontakte gehabt und immer nur gearbeitet haben. Zeitvertreib oder Bewegung an der frischen Luft gab es für ihn nicht. Er widmete sein Leben vollständig seinen Studien und hielt alles, was ihn davon abhielt, für Zeitverschwendung, da seiner Ansicht nach das Leben doch sowieso schon so kurz war.

Von einem Physiker namens Paul Dirac (1902–84) wurde berichtet, dass er sehr abrupt und unhöflich war. Als einer seiner Studenten in sein Zimmer stürmte, weil er eine umwerfende Entdeckung gemacht hatte und ihn fragte, ob er Genaueres wissen wolle, sagte Dirac einfach nur: »Nein«. Und sonst nichts. Nichts!

Wenn ein Student in der Vorlesung etwas nicht richtig nachvollziehen konnte und ihn bat, es nochmals zu wiederholen, dann wiederholte Dirac es wortwörtlich. Er war nicht im Stande, den Sachverhalt mit anderen Worten darzustellen. Dazu hätte er sich in den Studenten einfühlen und auf ihn eingehen müssen, und das konnte er nicht.

Die größte Physikervereinigung ist das CERN (Europäisches Zentrum für Kernforschung) in Genf. Dort beschrieb eine Physikerin – von denen es nur sehr wenige gibt – ihre männlichen Kollegen als mit Scheuklappen behaftet, einseitig begabt, ja besessen. Sie achteten nicht auf sich selbst, sagte die Kollegin, und vor allem seien sie schrecklich arrogant: »Wenn man an eine Sache glaubt, dann will man sie auch beweisen. So diskutieren sie dann die ›Wahrheit‹.«

Die Arroganz bezieht sich einmal auf die Sturheit, mit der diskutiert wird, und auf die Unfähigkeit der Physiker, die Perspektiven zu wechseln. Der zweite Aspekt der Arroganz bezieht sich auf die Rücksichtslosigkeit der Physiker gegenüber den Gefühlen ihrer Kollegen. Sie haben keine Schwierigkeiten, deren Gefühle zu verletzen. Aber vielleicht haben diese Kollegen ja auch gar nicht so viele Gefühle, die verletzt werden könnten ...

… und netten Therapeutinnen

Also, können Physiker nun hochsensibel sein oder nicht? Ich denke, sie können hochsensibel sein, aber auf eine extrem männliche, systematisierende Art und Weise. Wenn sich in ihren hochkomplexen physikalischen Systemen ein Detail ändert, dann entgeht es ihnen nicht. Ich würde sie als »technisch hochsensibel« bezeichnen und die hochsensiblen Frauen als »emotional hochsensibel«. Hier gibt es noch viel Forschungsbedarf. Für meine eigenen Ausführungen sind die technisch Hochsensiblen lediglich als Hintergrund für die emotional hochsensiblen Frauen interessant. Sorry guys!

Wenn die »Hardware« von S- und E-Gehirnen so unterschiedlich ist und bei den »S-Klassen« die technischen Berufe vorwiegen, dann müssten in der »E-Klasse« andere Berufe vorwiegen. Und das ist tatsächlich so: Hier finden sich vor allem soziale Berufe, also Krankenschwestern, Erzieherinnen, Lehrerinnen, Ärztinnen, Psychologinnen, Ergotherapeutinnen und Tanztherapeutinnen. Viele Hochsensible stürzen sich zunächst einmal in die sozialen Berufe. Helfen, auf andere eingehen, sie beraten oder therapieren erscheint ideal. Und das ist es auch – so lange, bis die hochsensible Frau bis über beide Ohren in Arbeit steckt und für jeden da sein muss. Nicht *will*, nein *muss*. Dann merkt sie irgendwann, dass sie völlig überlastet ist und ausgenutzt wird, weil sie sich nicht abgrenzen kann. Und plötzlich treten andere Traumberufe in den Vordergrund. Auf meine Frage »Was wäre mein Traumberuf/ meine Traumtätigkeit, von dem/der ich annehme, dass ich als Hochsensible gut damit zurechtkäme?« gab es interessante Antworten:

Sieben Frauen nannten einen kreativen Beruf! Malerin, Schriftstellerin, Fotografin. Vor allem gaben fast alle (15 von 17) Frauen an, dass sie *selbstständig* arbeiten möchten – mit Zeit für den Rückzug und ohne allzu viel Publikumsverkehr.

Drei Frauen nannten Psychotherapeutin als Traumberuf – es waren aber Frauen, die in ihrem realen Beruf keine Psychotherapeutinnen waren. Die einzige Psychotherapeutin, die mitmachte und die voll im Beruf steht, nannte als Traumberuf Fotografin und Pferdezüchterin.

Auch der Hirnforscher Baron-Cohen beschreibt den Träger eines extremen E-Gehirns so: »Jemand, der sich wunderbar kümmert und es schafft, dass man sich sofort voll verstanden fühlt. Zum Beispiel eine endlos geduldige Psychotherapeutin, die sich schnell in die Gefühlswelt des Patienten einfühlt. Eine, die nicht nur sagt, dass sie die Traurigkeit oder die Freude des Patienten nachfühlen kann, sondern die diese Traurigkeit und die Freude auch selbst empfindet. Und zwar genauso intensiv wie der Patient.«

Dieser Meinung sind auch Forscher, die untersucht haben, was einen guten Psychotherapeuten ausmacht: »Zuverlässigkeit, Erfahrung, Vertrauenswürdigkeit, Freundlichkeit, Offenheit und Ehrlichkeit stehen an vorderster Front... Empathie oder Vertrauen sind universelle Grundlagen für jede Therapieform, in der die Beziehung zwischen Therapeut und Patient eine wichtige Rolle spielt.«

Vielleicht sind die mit dem extremen Empathiegehirn ähnlich wie Engel oder wenigstens so wie Mutter Theresa? Wer sich nicht abgrenzen kann und sich nur einfühlt und unendlich gibt, bleibt nicht lange Psychotherapeut. Er brennt schnell aus. Und genau das passiert den Hochsensiblen häufig in sozialen Berufen.

Auf Empfang gestellt

Sicher ist es Ihnen schon einmal passiert, dass sie sich mit jemandem unterhalten haben und der andere hörte Ihnen gar nicht wirklich zu, sondern lauerte nur darauf, selbst zu Wort zu kommen. Fühlten Sie sich von dieser Person verstanden?

Wenn jemand nur mit sich selbst beschäftigt ist, ist er weder ein guter Zuhörer noch kann er sich in andere gut einfühlen. Zuhörer müssen innerlich auf »Empfang« stehen, nicht auf »Sendung«. Und zum Empfang gehört die Zurückhaltung eigener Sendeimpulse. Deswegen gehört Zurückhaltung ebenfalls zur Empathie. Zurückhaltung gehört in den Bereich der Selbstkontrolle. Diese ist bei Frauen ausgeprägter als bei Männern, wie viele Alltagsbeispiele und auch Untersuchungen zeigen.

Kleine Mädchen gehen beispielsweise früher als Jungen auf die Toilette. Mädchen haben weniger Impulsstörungen als Jungen, wie zum Beispiel Hyperaktivität. Mädchen kommunizieren eher, indem sie Bedingungen aushandeln. Dies erfordert mehr Selbstbeherrschung als bei Jungen, die häufiger fordern und befehlen. Und in Gefängnissen sitzen viel mehr Männer als Frauen. Und warum? Weil sie es mit den Grenzen anderer nicht so genau genommen haben.

Zur Empathie gehören ein kognitiver und ein affektiver Aspekt. Das reine Erkennen von Emotionen bei anderen Menschen oder auch Tieren ist eine kognitive Leistung. Auch ein Psychopath oder ein Verbrecher können Emotionen anderer erkennen und dann für eigene Zwecke ausnutzen. Untersuchungen haben gezeigt, dass Frauen beim Erkennen von Emotionen Männern überlegen sind.

Zur Empathie ist aber auch Mitleid nötig. Dies ist der affektive Aspekt. Man spürt die Gefühle des anderen fast so stark wie er selbst. Und auch hierfür ist Selbstkontrolle nötig, um zunächst die eigenen Bedürfnisse hintanzustellen. Erst dann kann man ganz auf die Bedürfnisse des Leidenden eingehen.

Zum Ausdrücken von Empathie in fein abgestimmten, taktvollen Bemerkungen sind ebenso sprachliche Kompetenzen erforderlich. Auch im sprachlichen Bereich sind Frauen meist besser als Männer. Aus all diesen Daten kann man schließen, dass mehr Frauen emotional hochsensibel sind als Männer.

Wenn nun Hochsensible einen sehr aktiven Mandelkern, schwache Nerven und dazu noch ein extrem empathisches Gehirn haben, häufig schüchtern und introvertiert sind, dann kann man sich vorstellen, wie leicht sie am Elend in der Welt verzweifeln und depressiv werden. Und tatsächlich kommen viele Hochsensible mit Ängsten und Depressionen in die psychotherapeutischen Praxen. Sie suchen Hilfe, weil sie den Forderungen unserer Gesellschaft nach toughen, gut gelaunten Konsumenten, die hinter dem Geld herjagen und schnell große Datenmengen über sich ergehen lassen, nicht nachkommen können. Diese Klienten haben sich meist in nutzlosen Anpassungsversuchen völlig erschöpft. Die Erschöpfung führt irgendwann zur Resignation, und die Resignation führt leicht zur Depression.

Jeder Mensch schüttet in Stresssituationen Adrenalin aus. Wenn der Stress lang anhaltend ist und das Nervensystem nicht zwischendurch völlig zur Ruhe kommt, wird Cortisol ausgeschüttet. Das Cortisol aber verhindert, dass genügend Serotonin vorhanden ist. Serotonin ist ein Botenstoff, der für den Informationsaustausch zwischen den Nervenzellen zuständig ist. Es ist ein so genannter Neurotransmitter. Man nennt das Serotonin auch das »Glückshormon«, da es gut gelaunt, selbstbewusst und zuversichtlich macht.

Untersuchungen an Affen haben gezeigt, dass die domi-

nantesten Männchen in der Affenhorde den höchsten Serotoninspiegel hatten. Spritzte man dann niedrigrangigen
Affenmännchen Serotonin, wurden sie wesentlich domi-
nanter und mutiger. Sie bekamen Lust zu kämpfen und
stiegen in der Hierarchie auf.

Es könnte schon sein, dass Hochsensible, besonders
wenn sie unter Dauerstress stehen, einen niedrigen Serotoninspiegel und einen hohen Cortisolspiegel aufweisen
und damit sehr anfällig für depressive Verstimmungen
sind.

Für uns ist es wichtig, dass wir immer wieder den Zusammenhang zwischen ständiger Überstimulation und
der damit verbundenen Übererregung und einem hohen
Cortisolspiegel im Auge haben. Diese Kombination tut
keinem gut. Und so müssen wir immer wieder kämpfen:
einerseits *für* einen hohen Serotoninspiegel, andererseits
gegen einen hohen Cortisolspiegel. Das heißt konkret, wir
müssen unseren »Empfänger« ab und zu ganz konsequent
ausschalten und uns ausschließlich um uns selbst kümmern.

Macht Extrovertiertheit glücklich?

Forscher um Richard Davidson an der Universität Wis-
consin haben herausgefunden, dass Menschen, bei denen
der rechte Frontallappen im Stirnhirn mehr Aktivität
zeigt als der linke, eher zu negativen Sichtweisen neigen,
vieles schwarz sehen und überall Katastrophen wittern.
Diese Menschen »neigen zu Niedergeschlagenheit, Übel-
launigkeit und sind misstrauisch gegenüber einer Welt, die
in ihren Augen voller überwältigender Schwierigkeiten
und lauernder Gefahren steckt.«

Menschen mit aktiverem rechtem Stirnhirn empfanden
bei Horrorfilmen oder Filmen mit Gewaltszenen mehr

Angst und Abscheu als die linkshemisphärisch Aktiveren. Von den Frauen, die meinen Fragebogen ausgefüllt haben, bestätigten 13 von 17, dass sie diese Art von Filmen meiden.

Im Gegensatz dazu sind Menschen, deren linker Frontallappen aktiver ist, eher extrovertiert, umgänglich und fröhlich, haben ein starkes Selbstbewusstsein und sind besser gelaunt. Davidson fand auch heraus, dass die körperliche Immunität gut gelaunter Menschen besser ist. Sie konnten sich zum Beispiel gegen Grippeviren besser immunisieren als jene Menschen mit dem aktiven rechten Frontallappen.

Anscheinend gibt es schon bei Babys Unterschiede in den Aktivitätsgraden der Hirnhälften. Davidson verglich Hirnströme bei Babys. Jene mit mehr Aktivität im rechten Frontallappen neigten eher dazu, zu weinen, wenn die Mutter aus dem Zimmer ging. Die Babys mit der vermehrten Aktivität in der linken Hälfte begannen nicht so schnell zu weinen, sondern krabbelten herum und erkundeten das Terrain.

Wir dürfen uns nun nicht von derartigen Ergebnissen entmutigen lassen, denn angeboren heißt nicht, dass man daran nichts verändern kann. Und es heißt auch nicht, dass jeder Hochsensible im klinischen Sinne depressiv ist. Es heißt aber, dass viele Hochsensible durch ihre tief schürfende Art und Weise, die Welt und sich selbst zu betrachten, einen Hang zur Melancholie haben. »Melancholie ist niemals Krankheit, sondern eine wunderbare Charaktereigenschaft, voll von Tiefgang, innerer Kreativität, Frieden und stiller Leidenschaft«, schreibt der Psychotherapeut Josef Zehentbauer.

Und so möchte sich mancher Hochsensible auch nicht an eine Welt anpassen, die nicht die seine ist. Das Ganze ist ihm zu hohl und zu oberflächlich. Unsere Neigung zu grübeln, zu hinterfragen, unsere Skrupel, anderen wehzutun, die Rücksichtnahme und stille Kraft entsprechen unserem Naturell, und wir möchten diese Fähigkeiten nicht ernsthaft missen. Probleme bekommen wir allerdings dort, wo die Robusten die Maßstäbe festlegen, an denen auch Sensible gemessen werden. Etwa in einer wissenschaftlichen Untersuchung wie der folgenden:

Hier wurde Extrovertiertheit nicht als Temperament – also als etwas Statisches – angesehen, sondern als extrovertierte Stimmung. In extrovertierter Stimmung befindet sich jeder ab und zu. In dieser Stimmung sind wir forsch, gesprächig, energisch, kühn, aktiv und durchsetzungbereit. Studenten an der Universität Michigan (USA) sollten einige Wochen lang täglich aufschreiben, wie extrovertiert sie sich gerade fühlten, und gleichzeitig sollten sie einschätzen, wie fröhlich/glücklich sie gerade waren. Es wundert einen nicht, dass die extrovertiertesten Momente auch die glücklichsten waren. Klar, wenn man sozial gut drauf ist, dann fühlt man sich auch sonst gut.

Interessanter war aber der zweite Teil des Experiments. Es wurden Diskussionsgruppen angesetzt. Eine Hälfte der Studenten spielte extrovertiert, die andere Hälfte introvertiert. Diese Gruppe sollte sich still, zurückhaltend, vorsichtig und eher unterwürfig verhalten, kurz gesagt: sich ducken, anstatt aufzumucken. In der zweiten Diskussionsrunde war es genau umgekehrt. Die vorher Extrovertierten stellten sich nun auf introvertiert. Das Ergebnis war, dass sich die jeweils Extrovertierten in allen Durchgängen besser fühlten als die Introvertierten. Unabhängig davon, ob sie auch in Wirklichkeit extrovertiert waren oder ob sie es nur gespielt hatten. Die echten Extrovertierten, so das Fazit der Untersuchung, suchen aktiv Situationen auf, in denen sie sich extrovertiert verhalten können.

Diese Schlussfolgerung würde bedeuten, dass ein Hochsensibler sich nur fröhlich und gesprächig geben muss und schon fühlt er sich auch gut. Ist das so?

Alle 17 befragten Frauen stimmten der Aussage »Bei den richtigen Menschen bin ich humorvoll und offen« zu. Und ebenso bestätigten alle 17: »Mir ist es lieber, wenige gute Freunde zu haben als viele lockere und eher oberflächliche Bekannte.«

Sensible achten auch in ihren Beziehungen auf Qualität und nicht so sehr auf Quantität. Halligalli und gute Laune um jeden Preis laugen uns aus. Es ist eher der Tiefgang, der uns glücklich macht.

Von Jägern und Bauern

Stellen wir uns nun einmal vor, ein robuster Extrovertierter, wenig einfühlsamer Mensch war um 40 000 vor Christus Jäger. Er hatte wenig Schwierigkeiten, mit den Reizüberflutungen der Jagd klarzukommen. Er blieb ruhig im Angesicht der Gefahr, er konnte schnell und überlegt handeln, auch wenn der Säbelzahntiger hinter ihm her war. Ich denke mir, dass diese robusten Jäger kein Mitleid mit ihrer Beute hatten. Sie schlugen sie tot und aßen sie auf. Fleisch war ihre Hauptnahrung.

Diese Beschreibung passt auf den Cromagnonmenschen. Er war ein geschickter Jäger, stellte differenziertes Werkzeug her und vermehrte sich sehr stark, da er kaum natürliche Feinde hatte, und er hatte die Blutgruppe 0. Diese Blutgruppe ist bei uns auch heute noch am häufigsten. Die Cromagnonmenschen kommen ursprünglich aus Afrika, und weil sie sich so stark vermehrten, gab es im Lauf der Zeit nicht mehr genügend Fleisch und Beeren, von denen sie sich ernähren konnten. Sie wanderten nach Europa, wo die Eiszeit gerade zu Ende gegangen war und das Klima wärmer wurde. Hier, in Europa, entstand circa 20 000 vor Christus evolutionsbedingt der »Agrarier«, der Bauer. Ein Mensch mit der Blutgruppe A.

Die wichtigsten Kennzeichen der Jungsteinzeit waren der Ackerbau und die Viehzucht. »Da die Menschen ihre unsichere Existenz aufgeben und sich zum ersten Mal selbst versorgen konnten, gründeten sie stabile Gemeinschaften und entwickelten ein dauerhaftes Lebensgefüge.« Diese völlig andere Lebensweise – weg vom Nomadentum und den Jagdgruppen und hin zu einem Leben in Gruppen, in denen man miteinander auskommen und in Frieden zusammen arbeiten musste – brachte auch eine Ernährungsumstellung mit sich. Die Ernährung wurde mehr pflanzlich, und der Verdauungstrakt der Agrarier passte sich der neuen Kost im Lauf der Jahrtausende an. Die Agrarier haben die Blutgruppe A.

Da ja gleichzeitig die meisten Menschen Träger der Blutgruppe 0 waren und immer noch sind, war dafür gesorgt, dass es einerseits Jäger und Krieger gab, andererseits aber auch Bauern, Priester und Weise.

Der amerikanische Arzt Peter D'Adamo hat sich jahrelang mit den Blutgruppen und den körperlichen und psychischen Unterschieden ihrer Träger befasst. Träger der Blutgruppe A waren an die modernen Lebensbedingungen meist besser angepasst als der alte Jäger. Jetzt mussten Felder bestellt, es musste gemeinsam geplant und die Arbeit musste aufgeteilt werden. Auch hat sich die Blutgruppe A als besonders widerstandsfähig erwiesen gegenüber der Pest, der Cholera und den Pocken. Auch heute noch sind die Überlebenden dieser Krankheiten in der Blutgruppe A häufiger als in der Blutgruppe 0.

Es spricht einiges dafür, dass viele Hochsensible Agrarier sind. Diese Schlussfolgerung habe ich in keinem Buch gefunden, aber sie erscheint mir logisch, denn:

● A-Träger sind oft Vegetarier und vertragen Fleisch nicht so gut.

- A-Träger sind umgänglich und kooperativ und passen sich in Gruppen ein.
- A-Träger sind friedliebend.
- A-Träger gehen gut mit Tieren um.
- A-Träger haben ein »empfindliches Nervensystem und reagieren nicht gut auf fortdauernde Konfrontation« (D'Adamo).

Wenn wir statt A-Träger das Wort »Hochsensible« einsetzen, stimmen die Aussagen von D'Adamo ebenfalls. Bauern müssen einen langen Atem haben. Sie müssen, wenn sie säen, Bodenqualität, Wetter, Jahreszeit und den Mondstand berücksichtigen. Sie müssen – ähnlich wie Elsie beim Kofferpacken – aufs Schlimmste gefasst sein und auf das Beste hoffen.

Einen sehr interessanten Zusammenhang zeigte Thom Hartmann auf, der sich mit dem Aufmerksamkeitsdefizitsyndrom (ADS) beschäftigt. Menschen mit ADS – auch hier sind die Männer bei weitem in der Überzahl – sind grob gesagt hyperaktiv, impulsiv, können nicht still sitzen und nicht zuhören. Sie sind mutig, aktiv, überlegen nicht lange und gehen Risiken ein. Sie sind extrovertiert, wie man sieht. Hartmann nennt sie »Hunter«, also Jäger. Sie sind in vielen Bereichen das Gegenteil der Hochsensiblen. Hartmann zeigt auf, dass ADS am häufigsten in USA und Australien verbreitet ist. Die weißen Amerikaner sind die ehemaligen Auswanderer, viele davon Abenteurer und Menschen, denen das Wasser in ihrer Heimat bis zum Hals stand. Sie nahmen Risiken auf sich und verließen ihre Heimat. Die Stärksten setzten sich durch und fackelten nicht lange. Ebenso die weißen Australier, die ja Nachfahren von englischen Sträflingen sind. Sträflinge haben Gesetze gebrochen, was ebenfalls fast immer mit Gewalt und Grenzüberschreitung einhergeht.

Und wo ist ADS relativ selten? Im Mittelmeerraum und

in Japan. Und genau dort ist die Blutgruppe A am weitesten verbreitet! Ob das alles Zufall ist?

Die typischen »Farmer« charakterisiert Hartmann als »ordentlich und wohlorganisiert«. Sie sind ausdauernd und verlässlich, teilen sich ihre Arbeit ein und werden rechtzeitig fertig, sie haben Maß und Ziel, sind geduldig und teamfähig, können sich gut konzentrieren, achten auf Details und »kümmern sich ums Geschäft«, sie umsorgen andere und schaffen und fördern die Werte der Gesellschaft, sie sind sorgfältig und sorgsam. Und sogar die für viele Hochsensible notwendige kurze Denk- und Orientierungspause kommt bei den »Farmern« vor: »Erst schauen, dann springen.«

Und jetzt schließt sich der Kreis: Wir Sensiblen sind ausgeprägte »Farmer«, die Kultivierer, die Heger und Pfleger, die Bodenständigen. Aber Farmer gibt es viele, und wahrscheinlich sind nicht alle hochsensibel. Ich behaupte, Hochsensible sind Farmer mit viel Empathie, einem reagiblen Mandelkern, einer feinen Wahrnehmung und einem guten Charakter. Sie sind die Aristokraten des Herzens.

VI
Die Aristokratie des Herzens

Die gute Fee

»*Im letzten Urlaub waren wir in Malta. Die Sonne brannte in der Mittagszeit erbarmungslos vom Himmel. An einem solchen heißen Tag besuchten wir das Popeye Village. Das ist ein künstliches Dorf, das sie für den Popeye-Film als Kulisse gebaut haben. Jeder hatte seine Wasserflasche dabei. An so einem heißen Tag ging nichts ohne Wasser. Die Touristen waren überall: in jedem Haus, auf den kleinen Sträßchen – ein ständiges Kommen und Gehen. Und da habe ich sie entdeckt! Neben einem Haus in der prallen Sonne lag eine ausgemergelte schwarze Katzenmutter. An ihrer leeren Zitze hing ein etwa sechs Wochen altes getigertes Katzenkind. Etliche Touristen machten gurrende Laute zu den Katzen. ›Wie süß‹ haben die wahrscheinlich gedacht. Der Katzenmutter hing vor Durst die Zunge aus dem Maul. Neben ihr stand eine leere Wasserschale. Das schien keiner zu bemerken, jedenfalls reagierte keiner darauf. Mir zog es das Herz zusammen. Sofort füllte ich die Schale aus meiner Wasserflasche auf. Die Katze trank die Schale gierig leer. Ich füllte sie zum zweitem Mal auf. Jetzt schaffte sie nur noch die halbe Schale. Nie hätte ich es geschafft, an der leeren Schale vorbeizugehen, und es ist mir unbegreiflich, wie die anderen Touristen das machen können. Es waren auch Frauen mit Kindern dabei. Die haben doch wahrscheinlich selbst mal gestillt. Da müssten sie doch wissen, was man beim Stillen für einen Durst entwickelt*«. Elsie steht das Mitleid ins Gesicht geschrieben.

Sie muss sich keine Mühe geben, um sich wohltätig zu verhalten, es ist ihre Natur.

»Wenn ich kein Wasser dabei gehabt hätte, dann hätte ich im Shop welches gekauft. Ich habe mit den Katzen gelitten und sofort gewusst, was sie brauchen. Es wäre für mich auch nicht in Ordnung gewesen, mir zu sagen, dass sicherlich jemand für die Katzen zuständig ist und ihnen auch bald zu essen und zu trinken gibt. Auch wenn es so gewesen wäre, so hatten die Katzen doch jetzt in diesem Moment Durst. Sie haben gelitten und ich kann hier nicht die Verantwortung abgeben.«

Verantwortung – in diesem Wort steckt das Wort »Antwort«. Elsies sensible Seele hat die Frage »Gibst du mir zu trinken?« vernommen. Und sie antwortete mit ja, indem sie die Katzen erhörte. Elsie hat sich der Katzen erbarmt. Es sind altmodische Wörter: das Erbarmen und die Barmherzigkeit. Sie kommen fast nur noch in der Bibel vor (zum Beispiel in der Geschichte vom barmherzigen Samariter). Jede Religion fordert von ihren Mitgliedern Barmherzigkeit oder Nächstenliebe. Ohne Nächstenliebe funktioniert keine Gesellschaft. »Selig sind die Barmherzigen, denn sie werden Barmherzigkeit erlangen«, heißt es in der Bergpredigt, also können wir das Erbarmen nicht einfach als Gefühlsduselei abtun.

Erinnern Sie sich noch an das Märchen »Frau Holle«, das von der Goldmarie und der Pechmarie handelt? In der Unterwelt wurden die Mädchen geprüft. Goldmarie bestand die Prüfungen, indem sie den vollen Apfelbaum erhörte und ihn aberntete, indem sie das fertige Brot aus dem Ofen nahm und indem sie Frau Holle fleißig diente. Sie erhielt eine reiche Belohnung. Pechmarie hingegen überhörte jegliches Flehen und diente nur zum Schein. Sie hatte eine ungeheure Anspruchshaltung und wollte die Belohnung, sonst nichts. Die bekam sie auch, indem sie mit Pech übergossen wurde.

Goldmarie gibt, Pechmarie nimmt. Es gibt Menschen, die eher nehmen, und Menschen, die eher geben. Wenn Sie die Menschen in ihrer Umgebung beobachten, dann sehen sie, wie verbissen und unzufrieden jene sind, die »absahnen wollen«, die »billig wegkommen wollen«, die nur Dinge machen, die sich »lohnen«. Meist sind diese Menschen barsch, aggressiv und verbittert. Dabei steht schon in der Bibel: »Geben ist seliger denn nehmen.« »Tue Gutes und sprich darüber« ist die Devise der Politiker, nicht die Devise der Hochsensiblen. Ihnen ist es eher peinlich und unangenehm, wegen ihrer Gutherzigkeit auch noch gefeiert zu werden.

Auch die sensible Kaiserin Sisi war dafür bekannt, dass die Not ihres Volkes ihr zu schaffen machte. »Wenn sie wohltätig war (und ihre Abrechnungen zeigen beträchtliche Spendenlisten auf), so war sie es als Privatperson. Sie half unorganisiert und unauffällig. Ja, in den späteren Jahren liebte sie es, wie eine gute Fee heimlich Geld in bescheidene Häuser zu legen und zu verschwinden, bevor sie jemand bemerkte.« Dass ihr das demonstrative Helfen zutiefst zuwider war, drückte sie in einem Gedicht an die »society ladies« ihrer Zeit aus:

»Ihr Patronessen seht euch an,
Wie still man auch human sein kann,
Nicht bloß bei der Musik von Strauß –
Auch einsam in dem Krankenhaus.
Dort Tränen trocknen, wo der Tod
In allerlei Gestalten droht:
So edlen und humanen Sinn,
Lernt ihn von eurer Kaiserin!«

Wer seinem Herzen folgt

Leicht wie eine Feder gleitet die junge Eiskunstläuferin über die spiegelglatte Fläche. Zu den Klängen von Ravel und Rachmaninow reiht sie in vier Minuten neun Sprünge aneinander. Einen dreifachen Rittberger, einen dreifachen Salchow und einen dreifachen Toeloop. Die Zuschauer im vollbesetzten Olympiastadion in Saltlake City toben vor Begeisterung. So etwas hatte es noch nie gegeben! Die 16-jährige Sarah Hughes legt die technisch anspruchsvollste Kür hin, die ein Olympiastadion je gesehen hat. Und gewinnt die Goldmedaille!

»Sie ist aus dem Nichts aufgetaucht, eine Cinderella-Story«, jauchzte der kalifornische Marketing-Experte Bob Dorfman. Sarah Hughes hatte geschafft, wovon jeder Amerikaner träumt: als Underdog den Etablierten eins auswischen. Nun konnte Sarah Hughes »absahnen«: Werbeverträge würden Millionen einbringen, als Zugnummer einer Eisrevue würde sie weitere Millionen Dollar verdienen können. Sarah wurde nach ihrem Triumph herumgereicht wie ein Wanderpokal, mit Auszeichnungen überschüttet, sie läutete die Glocke an der Wall Street, warf den ersten Pitch in einem Baseball Stadion der New York Yankees, traf Steven Spielberg, Tom Hanks, Leonardo DiCaprio und George W. Bush. An den Wochenenden stand sie meist bei Schauläufen auf dem Eis.

»Manchmal wusste ich gar nicht, in welcher Stadt ich gerade war«, sagte Sarah einem Reporter. Trotzdem war sie montags wieder pünktlich in der Schule. »Ich war nicht vorbereitet auf das, was nach der Olympiade passiert ist«, sagte Sarah Hughes. »Das ganze Interesse an meiner Person hat mich völlig verunsichert. Die Leute sehen mich nur als Eiskunstläuferin. Aber machen nicht meine Bildung und mein Wissen die Persönlichkeit aus?«

Sarah tat etwas Unvernünftiges: Sie legte ihre Goldmedaille in die Schublade, stieg aus dem Eislaufgeschäft aus und begann ein Medizinstudium. Sarah Hughes hatte den Mut, aus der Reizüberflutung und dem Showbusiness auszusteigen. Es war nicht ihre Welt. Andere sensible Eiskunstläuferinnen hielten länger durch und handelten sich Alkoholprobleme, Panikattacken und Essstörungen ein.

Mittlerweile haben die Medien schon wieder einen neuen Star: Sarahs Schwester Emily. »Emily hat jede Menge Strahlkraft. Am 23. Februar 2006, wenn bei den Olympischen Spielen in Turin die Entscheidung in der Kür der Damen fällt, ist sie 17«. tönte der Spiegel. Sarah dagegen hat andere Werte: das Helfen, die leisen Töne, das Tiefgründige – wie andere Sensible auch.

Als ich im Fragebogen die Frauen nach den Werten fragte, die ihnen in ihrem Leben wichtig sind, standen Sicherheit und Geborgenheit mit 13 Nennungen an oberster Stelle. An zweiter Stelle stand die Familie (elf Nennungen). In der Familie wird ebenfalls Sicherheit und Geborgenheit gesucht. Der Rest der Nennungen verteilte sich einigermaßen gleichmäßig auf Zufriedenheit, Anerkennung, Selbstakzeptanz, Sinn im Leben und Autonomie. Vor allem bei den jungen Frauen bis 30 standen Sicherheit und Familie stark im Vordergrund. Bei Frauen, die bereits Familie hatten, standen eher Selbstständigkeit und in zwei Fällen auch Geld und Karriere im Vordergrund. Werte, die überhaupt nicht vorkamen, waren Macht, Spaß, Abenteuer und Führungsqualitäten. Auch persönliche Eitelkeiten (ein Star zu sein) und Konkurrenz mit anderen kamen nicht vor.

Sensible Frauen möchten andere nicht beherrschen, aber sie möchten auch nicht von anderen beherrscht werden. Ihre Devise lautet: leben und leben lassen.

»Böse Menschen kennen keine Lieder«

»*Vor ein paar Wochen kam im Fernsehen der Film ›Das Wunder von Lengede‹. Dabei ging es um elf eingeschlossene Bergleute, die unter dramatischen Umständen nach zwei Wochen doch noch gerettet werden konnten. Der Film stellte die Hoffnung und Verzweiflung der Betroffenen und der Angehörigen so lebensecht dar, dass ich total ergriffen war*«, erzählt Elsie, der man die Ergriffenheit immer noch ansieht.

»*Besonders als einer der Verschütteten, er hieß Bruno, dann so langsam vor sich hingestorben ist und seine Frau sich von ihm über Mikrofon verabschiedete, musste ich sehr weinen. Das hat mich sehr ergriffen. Auch nach dem Film war ich noch tagelang wie in Trance. Ich konnte das nicht einfach abschütteln. Es verfolgte mich ein ganz starkes Mitgefühl für die Betroffenen. Immer wenn ich durch die Stadt gegangen bin und dort die großen Werbeplakate für den Film gesehen habe, sind die Gefühle wieder hochgekommen. Wenn ich Bruno und seine Frau Renate auf den Plakaten gesehen habe, sind mir unweigerlich die Tränen geflossen. Es war mir unangenehm, dass ich mitten in der Stadt geweint habe.*«

Diese tiefe Ergriffenheit – das Gegenteil von jeglicher Coolness – ist eine zutiefst menschliche Empfindung. Leider wird sie in unserer Gesellschaft oft herablassend belächelt oder als Unbeherrschtheit abgetan. Aber ist es wirklich erstrebenswert, einen zu Herzen gehenden Film vollkommen unbeteiligt anzusehen? Nur ein gefühlsmäßig von sich entfremdeter Mensch schafft das.

»Schöne Musik berührt mich tief«, das bestätigten alle 17 von mit befragten Frauen. Genauso, wie uns Lärm rasch stört, können wir schöne Klänge auch tief in uns hineinsaugen und ganz in ihnen aufgehen. Wenn ich beispielsweise höre, wie Celine Dion das »Ave Maria« singt, kann ich entweder nur mit geschlossenen Augen dasitzen und Gänsehaut spüren oder ich muss es ausschalten. Als Hintergrundsmusik im Supermarkt fände ich es vollkommen unpassend. Musik kann ich nur mit dem ganzen Körper hören.

»Jetzt verstehe ich, warum es mich immer stört, wenn Werner beim Sex Musik hören will. Mich stört das ungemein, und ich kann mich weder auf das eine noch das andere konzentrieren.« Wie Elsie geht es vielen hochsensiblen Frauen.

Eine tiefe Konzentration geht mit der Ergriffenheit einher, und so ist es nicht verwunderlich, dass ein heftig fühlender Mensch am liebsten alleine Musik hört und fernsieht oder ins anonyme Kino geht.

»Ich gehe nur sehr ungern mit anderen ins Kino«, schrieb mir eine Frau, »denn wenn der Film dann zu Ende ist, stürmen die anderen schnell aus dem Kino und plappern durcheinander. Ich aber muss erst einmal wieder in die Gegenwart zurückkommen. Im ersten Moment weiß ich oft gar nicht mehr, wo ich eigentlich bin. Ich muss die Wirkung des Films ganz langsam verklingen lassen. Aber das hat auch Vorteile: Während meine Freundinnen den Film schnell abtun, habe ich viele Details wahrgenommen und denke über sie nach. Warum soll ich überhaupt ins Kino gehen, wenn der Film auf mich keine Wirkung hat? Ein Film kann mich so begeistern, dass ich tagelang ein gutes Gefühl habe.«

Ein eindrucksvoller Bericht über das Ergriffensein findet sich in der Biografie des Bayernkönigs Ludwig II. Ludwig war ein Schöngeist, der nicht nur das wunderschöne Schloss Neuschwanstein erbauen ließ, sondern in tiefer Leidenschaft der Musik und dem Theater zugetan war. Er war der Lieblingscousin der Kaiserin Elisabeth und wie diese sehr feinfühlig und dem Denken seiner Zeit – dem 19. Jahrhundert – weit voraus. Ludwig war ebenso menschenscheu wie Sisi. Sein Wahlspruch lautete:«Ich will selbst schauen, aber kein Schauobjekt für die Menge sein.« Deshalb bevorzugte Ludwig separate Theatervorstellungen, bei denen nur er selbst das Publikum war. Die Aufführungen fanden nachts statt, denn Ludwig liebte die Nacht. Eine der Schauspielerinnen beschrieb, wie sie sich bei einer Vorstellung fühlte: »Ich wußte, daß der König mich nicht aus den Augen ließ, dass er in seiner Loge saß, in vollständiger Sammlung und Aufmerksamkeit und so tief versunken, dass er selbst den Athem zurückhielt um nicht seine Anwesenheit zu verrathen, und um sich nicht selbst zu stören … Man hat über die Neigung des Königs, ausschließlich für seine Person Schauspiele aufführen zu lassen, viel gespöttelt, aber ich muß gestehen, daß ich sie vollkommen begreife. Der König hält in dieser Weise alles fern, was den Künstler und Zuhörer stören kann.«

Und auch das »Nachglühen« wird beschrieben: Gegen vier Uhr morgens, wenn der letzte Vorhang gefallen war, mussten die Künstler bewegungslos auf der Bühne bleiben. Der König wollte dann nicht gestört werden. »Er pflegte nämlich noch einige Zeit in der Loge zu sitzen und über das Geschehene nachzudenken, ›wie Jemand, dem es Mühe kostet, wieder in die Wirklichkeit zurückzukehren‹.«

Dem armen Ludwig ist seine Sensibilität schlecht bekommen. Seine unsensiblen Zeitgenossen störte seine Friedfertigkeit, sein Abtauchen in die »Waldeinsamkeit«, sein luxuriöser Lebensstil. Sie erklärten ihn für verrückt und setzten ihn gefangen. Am nächsten Tag ertrank er bei einer Bootsfahrt mit seinem Arzt im Starnberger See.

»Ein reines Gewissen ist ein sanftes Ruhekissen«

60 Jahre lang ließ die Geschichte Emile Guet keine Ruhe. Sie trieb ihn um, aber wenn er in seinem kleinen südfranzösischen Dorf darüber sprechen wollte, prallte er nur gegen eine Mauer eisigen Schweigens. Was war passiert?

Monsieur Guet war im Zweiten Weltkrieg ein junger Widerstandskämpfer, als sich 1944 eine deutsche Fernmeldeeinheit den Franzosen ergab. Den 82 Deutschen wurde von einem Offizier versprochen, dass sie als Kriegsgefangene behandelt würden. Die Deutschen hatten damals in Südfrankreich schlimm gewütet und aus Emile Guets Dorf 17 Männer umgebracht. Ein Teil Frankreichs stand unter deutscher Besatzung und die Partisanen, die gegen die Deutschen und ihre Vichy-Regierung kämpften, zerrten im Morgengrauen 17 der gefangen genommenen deutschen Soldaten aus Rache auf eine Wiese. Dort bekamen sie die letzte Ölung und wurden danach erschossen. Anschließend verscharrte man sie auf der Wiese.

Guet erfuhr von diesen Vorfällen erst Wochen später. Es ließ ihm keine Ruhe, dass Wehrlose einfach so abgeknallt worden waren, zumal sie mit dem Tod der 17 Franzosen nicht das Geringste zu tun gehabt hatten. Auch, dass das Ehrenwort eines Offiziers gebrochen worden war, konnte er nicht verwinden. Aber mit seinen Gewissensbissen stand er ziemlich alleine da. Während im Dorf alljährlich der toten Franzosen gedacht wurde und Gedenktafeln aufgestellt wurden, wurde kein Wort über das Massaker verloren. Auch die Bürgermeister der letzten 60 Jahre hatten angeblich keine Ahnung, wo die Soldaten verscharrt worden waren. Seltsam nur, dass besagte Wiese seit damals brachlag.

Guet – inzwischen 82 – fand schließlich einen Verbündeten, den er ebenfalls nicht vergessen konnte: den damals elfjährigen Messdiener, der das Massaker mit ansehen musste. Guet drängte den inzwischen 70-jährigen, die Wahrheit ans Licht zu bringen. Vor dem Bürgermeister und dem Gemeinderat des Ortes und im Beisein eines deutschen Konservators des nahe gelegenen Soldaten- friedhofes wurde das schreckliche Geheimnis gelüftet. Der Bürgermeister ordnete die Exhumierung der Toten an. Ihre Erkennungsmarken, die jeder Soldat im Krieg da- bei hat, waren meist sehr gut erhalten. Nun sollen die To- ten auf einem Soldatenfriedhof würdig beerdigt werden.

Zugegeben, dies ist ein extremes Beispiel dafür, wie das Gewissen Menschen umtreiben kann, aber es verdeutlicht eines genau: Das schlechte Gewissen eines hochsensiblen Menschen lässt ihn nicht zur Ruhe kommen, bevor er nicht getan hat, was er tun kann, um zu helfen oder zu klären.

Emile Guet und auch der Messdiener dürften zu den Sensiblen gehören. Sensible können Ungerechtigkeit und Lügen nicht ertragen. Weniger Sensible können eher da- rüber hinweggehen oder sich damit herausreden, dass doch die anderen noch viel mehr Schuld haben. Ein Hoch- sensibler dagegen spürt sehr genau, wenn etwas nicht stimmt. Falschheit macht ihm Schuldgefühle und Schuld- gefühle belasten. Das alte Sprichwort gilt für Sensible ganz besonders: »Ein reines Gewissen ist ein sanftes Ru- hekissen.«

»Man sieht nur mit dem Herzen gut«

Dies ist das Geheimnis, das in Antoine de Saint-Exupérys Geschichte der Fuchs dem Kleinen Prinzen verrät. Der Fuchs möchte nämlich vom Kleinen Prinzen gezähmt werden. Der Kleine Prinz aber sucht einen Freund und hat dabei wenig Zeit. Er war von einem anderen Planeten, einem winzigen Asteroiden, auf die Erde gekommen und versuchte nun zu verstehen, wie Erdenbewohner denken und warum sie sich seiner Ansicht nach so merkwürdig verhielten. Der Kleine Prinz hatte auf seinem eigenen Planeten eine Rose gehabt und war fasziniert, dass es auf der Erde ein ganzes Feld voller Rosen gab. Und nun fühlte er sich plötzlich so arm und traurig, da er nur eine einzige Rose besaß, die scheinbar nichts Besonderes war. Der Fuchs lehrte ihn, die Dinge anders zu sehen:

»Was bedeutet ›zähmen‹?« fragte der Kleine Prinz.

»Das ist eine in Vergessenheit geratene Sache«, sagte der Fuchs. »Es bedeutet: sich ›vertraut machen‹.«

»Vertraut machen?«

»Gewiss«, sagte der Fuchs, »du bist für mich auch nichts als ein kleiner Knabe, der hunderttausend kleinen Knaben völlig gleicht. Ich brauche dich nicht, und du brauchst mich ebensowenig. Ich bin für dich nur ein Fuchs, der hunderttausend Füchsen gleicht. Aber wenn du mich zähmst, werden wir einander brauchen. Du wirst für mich einzig sein in der Welt.«

Und der Fuchs deutete auf eine hellgelbes Weizenfeld. Er erklärte dem Prinzen, dass er kein Brot esse und deshalb das Weizenfeld für ihn bisher keine Bedeutung gehabt habe. Wenn er aber gezähmt würde, dann würde die Farbe des Weizenfeldes ihn immer an die Haarfarbe des Prinzen erinnern.

»Ich beginne zu verstehen«, sagte der Kleine Prinz. »Es gibt eine Blume … ich glaube, sie hat mich gezähmt …« Als der Kleine Prinz verstanden hatte, was der Fuchs meinte, ging er zurück zum Rosenfeld. Und er sagte zu den Rosen: »Niemand hat sich euch vertraut gemacht und auch ihr habt euch niemanden vertraut gemacht. Ihr seid, wie mein Fuchs war. Der war nichts als ein Fuchs, wie hunderttausend andere. Aber ich habe ihn zu meinem Freund gemacht, und jetzt ist er einzig auf der Welt.«

Und die Rosen waren sehr beschämt.

»Ihr seid schön, aber ihr seid leer«, sagte er noch.

»Man kann für euch nicht sterben. Gewiß, ein Irgendwer, der vorübergeht, könnte glauben, meine Rose ähnle euch. Aber in sich selbst ist sie wichtiger als ihr alle, da sie es ist, die ich begossen habe. Da sie es ist, die ich unter den Glassturz gestellt habe. Da sie es ist, die ich mit dem Wandschirm geschützt habe... Da es *meine* Rose ist.«

»Stimmt«, meint Elsie ergriffen, »hätte der Lengede-Film nur von irgendwelchen anonymen Kumpels gehandelt, hätte ich kaum so geweint. Aber es war ja ›Bruno‹, der da starb. Und zu ihm hatte man im Lauf des Films einen persönlichen Bezug bekommen.«

Generationen von Kindern und Jugendlichen haben über Winnetous Tod geweint, während die vielen Indianer, die sonst bei Karl May starben, unbeweint blieben. Aber was hat das alles mit Sensibilität zu tun?

Durch die hohe Empathiefähigkeit und die sehr reiche Fantasie, über die Hochsensible verfügen, können sie schnell einen persönlichen Bezug aufbauen. Durch den persönlichen Bezug werden die Dinge aus der Anonymität und Austauschbarkeit herausgeholt. Sie bekommen einen Namen und werden »gezähmt«. Und sie wachsen einem ans Herz. Wir werden berührt und gerührt von ihnen. Alles, was einen berührt, kann einen auch zu Tränen rühren. Wenn wir uns für die Nähe geöffnet haben, können wir auch am stärksten verletzt werden. Es gehört Mut dazu, so tief zu spüren, denn tiefe Liebe und tiefer Schmerz liegen dicht beieinander. Wenn man etwas loslassen muss, das einem ans Herz gewachsen ist, tut das verdammt weh.

Das merkt auch der Kleine Prinz, als er vom Fuchs Abschied nimmt.

»Ach«, sagte der Fuchs, »ich werde weinen.«

»Das ist deine Schuld«, sagte der Kleine Prinz, »ich wünsche dir nichts Übles, aber du hast gewollt, daß ich dich zähme ...«

»Gewiß«, sagte der Fuchs.

»Aber nun wirst du weinen!«, sagte der Kleine Prinz.

»Bestimmt«, sagte der Fuchs.

»So hast du also nichts gewonnen!«

»Ich habe«, sagte der Fuchs, »die Farbe des Weizens gewonnen.« Und dann kommt der berühmte Satz.

Und der Fuchs sagt ihm, dass man nur mit dem Herzen gut sieht, »denn das Wesentliche ist für die Augen unsichtbar«.

»Die Menschen haben diese Wahrheit vergessen«, sagte der Fuchs. »Aber du darfst sie nicht vergessen. Du bist zeitlebens für das verantwortlich, was du dir vertraut gemacht hast. Du bist für deine Rose verantwortlich ...«

Wir alle sind für unsere »Rosen« verantwortlich.

Loyalität, Bescheidenheit und Diskretion

»In der Klinik habe ich eine Kollegin, die ebenfalls Ergotherapeutin ist und ganztags arbeitet. Diese Kollegin war vor mir da und ist ein paar Jahr älter als ich. Leider glaubt sie, dass sie meine Chefin ist, dabei sind wir einander gleichgestellt.« Elsie ist ihr Unmut anzusehen, unruhig zappelt sie hin und her.

»Als ich meine Stelle angetreten habe, hat sie mich eingearbeitet. Das hieß im Klartext, dass sie alles kontrollieren wollte, was ich machte. Ich habe gleich gemerkt, dass sie beim übrigen Personal nicht besonders beliebt ist, weil sie so eine dominante, besserwisserische Art hat. Am Anfang habe ich ihr noch alles erzählt, was ich bei den Patienten beobachtet habe. Und siehe da, in den Stationsbesprechungen hat sie dann wortwörtlich meine Beobachtungen eingebracht und als ihre eigenen verkauft. Ich habe mich darüber sehr geärgert, aber nichts gesagt.

Die Patienten haben schnell gemerkt, dass sie mit mir re-

den können, und vertrauen mir auch manches an, was nicht jeder auf der Station wissen muss. Das sind oft kleine, harmlose Dinge, die aber gegen die Hausordnung gehen. Zum Beispiel kommen manche abends zu spät in die Klinik zurück und kommen dann durch den Hintereingang herein. Ich weiß genau, wer das ist, denn die Patienten sind stolz darauf, dass sie getrickst haben. Das hat so was prickelnd Verbotenes an sich. Aber wenn Isabel, meine Kollegin, das wüsste, dann würde sie es gleich an die große Glocke hängen.« Elsie braucht dringend einen Schluck Wasser. Sie trinkt ein halbes Glas leer und fährt dann fort.

»Manche Ärzte betrauen ausdrücklich mich mit ihren Patienten. Sie wissen, dass ich nie nach Schema arbeite, sondern jeden Patienten erst einmal genau beobachte und erst dann einen Behandlungsplan mit ihm ausarbeite. Dabei höre ich dem Patienten genau zu und spreche ausführlich mit ihm. Natürlich baut man dadurch eine persönliche Beziehung auf. Ich hänge in der Klinik nicht die Expertin raus – meine Kollegin schon. Sie trägt immer einen weißen Kittel, auch bei Besprechungen. Blöd ist, dass ich nicht alles mitbekomme, weil ich nur halbtags da bin. Ich habe jetzt angefangen darauf zu bestehen, dass wichtige Konferenzen auf die Vormittage gelegt werden. Das klappt nicht immer und so geht manche Information an mir vorbei. Zum Glück bin ich mit einer der Krankengymnastinnen gut befreundet, und sie erzählt mir, was in den Konferenzen los war und auch, wie sich meine Kollegin Isabel wieder in den Vordergrund gespielt hat.« Elsie rollt die Augen.

Hochsensible sind meist loyale, verschwiegene und vertrauenswürdige Mitarbeiter. Sie spielen sich nicht in den Vordergrund, sind kooperativ – und oft schlechter bezahlt als ihre Kollegen, die sich zu verkaufen wissen. Das Fordern liegt uns nicht so, muss aber ein Stück weit im Lauf des Lebens gelernt werden. Auf die Profilierungssucht hingegen können wir getrost verzichten.

»Isabel trägt gerne Kleidung von Lacoste, der Marke mit dem Krokodil. Wie jeder weiß, sind diese Sachen nicht ganz billig. Isabel hat fast immer etwas an, worauf ein Krokodil prangt. Und dann lässt sie ihren weißen Mantel vorne offen, damit jeder freien Blick auf das Krokodil hat. Neulich war das Krokodil vom Mantel verdeckt. Dann sagte ich zu ihr: ›Dein Krokodil ist verdeckt.‹ Und wissen Sie, was sie antwortete?«

Als ich verneine, fährt Elsie angewidert und gleichzeitig belustigt fort:

»Sie sagte ›danke‹ und rückte das Revers ihres Kittels so, dass das Krokodil frei lag. Ich hätte ›Scheiße‹ brüllen mögen. Auch ich habe ein paar Kleidungsstücke von Lacoste, weil die Qualität gut ist und sie einen guten Schnitt haben. Aber ich habe die Krokodile abgetrennt. Ich habe keine Lust, mit Isabel zu konkurrieren.«

Und Elsie fügt mit einer guten Portion Sarkasmus hinzu:

»Vielleicht sollte ich die Krokodile Isabel schenken? Die könnte sie dann auf ihre Nicht-Lacoste-Kleider aufnähen.«

Mehr Schein als Sein, das ist jedem Sensiblen zuwider.

Die Sehnsucht nach dem Spirituellen

»Stimmt« antworteten 14 von 17 befragte Frauen auf die Feststellung »Filme mit Gewaltszenen oder Horror meide ich«. Die meisten Hochsensiblen fühlen sich bei Gewaltszenen innerlich aufgewühlt und sehr unwohl. Unsere reiche Fantasie, unsere Schreckhaftigkeit, das Einfühlungsvermögen in die Opfer, verbunden mit dem rebellierenden Mandelkern machen Horrorszenen zu einen unangenehmen Erlebnis.

Natürlich ist ein bisschen Gefahr im Film auch spannend und erhöht die Aufmerksamkeit. Das wissen die Filmemacher und setzen sie bewusst ein. Und dann »muss«

man einen solchen Film zu Ende ansehen, weil man ja wissen »muss«, wie es ausging. Und erst bei einem guten Ende können wir uns wieder beruhigen. Wir sehnen uns nach Beruhigung, Frieden und Aufgehobensein.

Was wir nicht wollen, ist Schultertätscheln nach dem Motto: »Na, Kopf hoch, das wird schon wieder!«, sondern wir suchen einen höheren Sinn. Hochsensible sind Philosophen. Sie möchten wissen, worin der Sinn des Lebens besteht, welchen Sinn ihr eigenes Leben hat und welche Mission sie haben. Da diese Fragen nicht mit letzter Sicherheit beantwortet werden können, werden viele Sensible zu Suchenden. Sie finden keinen inneren Frieden mit den »Lösungen«, die unsere Gesellschaft anbietet, wie Geld, Prestige, Ablenkungen, Arbeit, Urlaub, Karriere. Wenn wir das alles erreicht haben, fühlen wir uns genau so leer wie zuvor.

Aber was kann dann inneren Frieden geben? Es ist das Spirituelle. Inzwischen gibt es auch Untersuchungen, die belegen, dass Menschen mit einer religiösen Grundhaltung, die regelmäßig beten und meditieren, zufriedener und ausgeglichener sind als andere.

»Ich bete jeden Abend mit meiner Tochter. Das tut ihr gut und mir ebenfalls. Wir gehen dann noch einmal kurz durch, was am Tag so alles passiert ist. Und wir planen den nächsten Tag und legen schon mal die Kleider für morgen auf einen Stuhl. Kathrin liebt es auch, eine kleine Schutzengelfigur auf dem Nachttisch zu haben. Das scheint sie zu beruhigen. Und natürlich ihre Kuscheltiere! Ich lese ihr eine Geschichte vor und spreche hinterher mit ihr über die Geschichte. Meist ist sie dann nach dem Schlaflied schlafbereit.«

Elsie macht mit ihrer Tochter genau das Richtige. Da auch Kathrin sehr sensibel ist, muss sie völlig zur Ruhe gekommen sein, bevor sie sich in den Schlaf fallen lassen kann. Zum Einschlafen gehört Vertrauen. Vertrauen, dass morgens noch alles genau so ist wie am Abend zuvor. Vertrauen, dass das Umfeld keine unliebsamen Überraschungen bereithält. Deshalb schlafen Hochsensible auch am liebsten in ihrem eigenen Bett.

Anthroposophische und esoterische Autoren sprechen von einer »geistigen Welt«, in der Seelen leben, um sich zu einem bestimmten Zeitpunkt zu inkarnieren, also geboren zu werden. »Dies geschieht, damit die Seele in einem menschlichen Körper ein Erdenleben führen und bestimmte Lektionen und Reifungsphasen durchlaufen kann. Inkarnierte Seelen sind bestrebt, sich stets weiterzuentwickeln, um näher zu Gott zu kommen und schließlich auf der höchsten Stufe »erlöst« zu werden.« Und was muss man tun, um näher zu Gott zu kommen?

Schauen wir wieder in die Bibel, in die Bergpredigt. Dort heißt es in Luther-Deutsch: »Selig sind die Sanftmütigen, denn sie werden das Erdreich besitzen« und »Selig sind die Friedfertigen, denn sie werden Kinder Gottes heißen«.

Die Aristokraten des Herzens zeichnen sich also durch Mitgefühl, Hilfsbereitschaft, tiefes Ergriffensein und soziale Verantwortung aus. Menschen, die diese Eigenschaften aufweisen, werden in unserer Ellbogengesellschaft dringend gebraucht. Nein, nicht, damit sie sich in schlecht bezahlten oder ehrenamtlichen sozialen Jobs ausnehmen lassen. Hier muss jeder Hochsensible lernen, sich abzugrenzen und auch für sich selbst zu sorgen. Sie werden vielmehr gebraucht, um das Gesamtklima zu verbessern, um mehr Menschlichkeit in diese geschäftsmäßige und sozial kalte Welt zu bringen – jeder auf seine Art. Ich weiß, das ist nicht einfach, aber denken wir an das chinesische Sprichwort: »Das kleinste Licht erhellt die größte Finsternis«.

VII
Wo Hochsensible Spitze sind

Lebensrettende Bauchgefühle

»Ich möchte nochmals auf den Lengede-Film zurückkommen«, meint Elsie und streicht sich mit ihren langen Fingern durch die kurzen, aschblonden Locken. *»Als das Wasser im Stollen schon knöcheltief stand, machte einer der jüngeren Bergleute eine warnende Bemerkung. Ich weiß nicht mehr genau, was er sagte, aber er machte auf den Wasserstand aufmerksam. Und ich erinnere mich genau, dass es von den alten Hasen als ›Spülwasser‹ abgetan wurde. Erst als unübersehbare Wassermassen durch die Gänge fegten, nahmen sie es ernst. Und da war es für die meisten schon zu spät! Dieses Verhalten der Älteren hat mich bestürzt. So ein Verhalten kommt aber auch fast täglich im Krankenhaus vor. Neulich fiel mir bei einer älteren Patientin auf, dass sie ständig über Kopfschmerzen klagte. Ich sagte es mehrmals und über mehrere Tage hinweg den Dienst habenden Ärzten. Alle taten es ab und meinten, diese Frau habe doch ständig irgendeinen Anlass zu lamentieren. Als ich vorgeschlagen habe, dass ein Computertomogramm gemacht wird, haben sie mich als Verschwenderin hingestellt, da es teuer ist. Aber ich habe nicht aufgegeben. Irgendwann haben sie das CT doch gemacht. Und siehe da, die Frau hatte einen Hirntumor. Sie wurde dann ganz schnell operiert. Ich hatte genau gespürt, dass etwas nicht stimmte, und zum Glück habe ich mich nicht mundtot machen lassen.«* Elsie lehnt sich zurück und atmet tief ein und dann lange aus.

Die Frage, ob ein Mensch etwas Wahrgenommenes als

harmlos abtut oder als bedrohlich bewertet und entsprechend handelt, ist eine Ermessenssache. Zu diesem Ermessen gehört auch, ob ich glaube, die Gefahr sei erkannt und damit gebannt. Nur wenn ich meine eigenen Kompetenzen so einschätze, dass sie ausreichen, um mit der Gefahr fertig zu werden, kann die Gefahr tatsächlich gebannt werden. Hier kann man sich überschätzen oder unterschätzen.

Besonders weniger sensible Männer neigen dazu, sich zu überschätzen. Als es vor Jahren gerade Pflicht geworden war, im Auto den Sicherheitsgurt anzulegen, weigerten sich viele Männer, weil sie glaubten, sie könnten sich bei einem Aufprall am Lenkrad festhalten. Erst Untersuchungen mit Dummys, die zeigten, welche Kräfte schon bei einem Aufprall mit 50 km/h auf ein stehendes Objekt freigesetzt werden, überzeugten. Noch mehr allerdings dürfte die Strafe überzeugt haben, die beim Fahren ohne Gurt fällig wurde.

Oft stehen wir vor der Frage: Augen zu und durch oder dem unguten Gefühl trauen? Mich hat die Geschichte vom Untergang der Titanic so fasziniert, weil hier genau dieser Konflikt in so vielfältiger Weise zum Ausdruck kommt. Bevor die Titanic, der damals größte Passagier-Luxusliner, im April 1912 auf seine Jungfernfahrt von Southampton nach New York ging, passierten merkwürdige Dinge. Bereits im Jahr 1898 war in Großbritannien ein Roman erschienen mit dem Titel: »Futility – the wreck of the Titan« (etwa: Alles dahin – das Wrack des Titans), das bis in alle Einzelheiten genau den Untergang der Titanic beschreibt. Mehrere Angehörige von Passagieren hatten böse Vorahnungen und konkrete Warnträume, dass das Schiff sinken würde. Tatsächlich sagten auch einige Passagiere ihre Reise daraufhin kurzfristig ab.

In einem Heim der Heilsarmee in Schottland träumte ein sterbendes Waisenmädchen von dem Unglück, drei

Stunden, bevor es geschah. Die Mutter eines Musikers auf der Titanic träumte, ihrem Sohn werde auf der Überfahrt etwas Schreckliches zustoßen. Aber soll man die Reise absagen, nur weil die Mutter einen bösen Traum hatte? Die Frau eines Geigers aus Seattle, die mit ihrem Mann auf der Titanic gebucht hatte, bekam ein paar Tage vor der Abreise derartige Beklemmungen und Ängste, dass sie ihren Mann anflehte, die Reise zu verschieben. Der Mann wollte nicht. Schließlich einigten sie sich darauf, eine Münze zu werfen. Zahl: Wir buchen um. Kopf: Wir fahren. Und »Zahl« hat ihr Leben gerettet.

Die Titanic war das größte Schiff, das bis dahin je gebaut worden war, und galt als unsinkbar. Captain Smith, ein aufrechter englischer Gentleman, nahm die Meldungen anderer Schiffe, dass Eisberge und Eisfelder auf der Position zu sehen waren, die die Titanic in kurzer Zeit passieren würde, gelassen auf. Er drosselte die Geschwindigkeit nicht, da die Sicht gut war, und er glaubte, dass er dem Eisberg rechtzeitig würde ausweichen können. Kapitäne, die zu vorsichtig waren, wurden damals verachtet. Ein Kollege wurde immer »Foggy« (vernebelt) genannt, weil er »beim ersten Anzeichen von Dunst die Geschwindigkeit reduzierte.«

Captain Smith aber war nicht feige. Er legte sich sogar ins Bett und seine Mannschaft hielt Wache. Den Rest kennen wir aus dem Kino. Es kommt zur Kollision mit einem Eisberg. Der Bauch der Titanic reißt auf, und es kommt zur Katastrophe. 1523 Menschen starben in den Fluten.

Hätte ein sensiblerer – und damit umsichtigerer – Kapitän das verhindern können?

Überschäumende Fantasie

Es war ein anstrengendes Wochenende gewesen. Verzweifelt hatten die junge Lehrerin und ihr Freund eine Wohnung gesucht und wieder nichts Konkretes gefunden. Am Ende hatten sie sich auch noch gestritten. Überhaupt war alles so trostlos: der Freund in einer anderen Stadt. Wollte sie überhaupt dorthin ziehen? Würde sie dort eine Stelle finden? Bang war es ihr ums Herz. Und ihre Mutter war schwer krank, todkrank, der Vater hilflos und verzweifelt – auch das kein erfreuliches Thema.

Die junge Lehrerin saß sonntagabends im Zug nach Hause. Es war Juni und noch hell draußen. Die junge Frau war müde und gelangweilt. Ihr Blick ruhte auf der vorbeifliegenden Landschaft mit den schwarzweißen Friesenkühen. Sie dachte an gar nichts. Da kam ihr ein Junge in den Sinn. Sie sah ihn klar vor sich. Auch er saß im Zug. Der Zug brachte ihn zurück ins Internat. Sie sah die Burg vor sich, in der das Internat untergebracht war. Sie sah die beiden Freunde des Jungen.

Die Stimmung der jungen Frau besserte sich schlagartig. Verflixt, dass sie gerade jetzt nichts zum Schreiben dabeihatte. Sie schloss die Augen und stellte sich alles plastisch vor. Sie wollte nichts vergessen. Der Junge vor ihrem geistigen Auge wusste nicht, wer er war. Seine Eltern waren tot und er lebte bei bösen Verwandten.

Die junge Frau wurde immer aufgeregter. Bald hatte sie ein klares Bild des Internats vor sich. Die Burg nahm Kontur an. In Schottland sollte sie stehen. Und das Internat sollte eine Schule für Zauberer sein. Zu Hause angekommen, kritzelte sie alles in ihr abgegriffenes Notizheft. Harry sollte der Junge heißen. Und mit Nachnamen Potter, denn die Potters waren nette Nachbarn gewesen, als sie sieben Jahre alt war.

Joanne K. Rowling, so heißt die junge Lehrerin, sammelte Situation um Situation und legte alle Notizen in einen Schuhkarton. Es sollte noch sieben Jahre dauern bis zur Veröffentlichung von »Harry Potter«, und in der Zwischenzeit hatte seine »Mutter« noch viele Höhen und Tiefen zu durchleben.

Das Abdriften in die Fantasiewelt ließ sie die Härten der realen Welt besser ertragen. Harry und seine vielen Abenteuer bildeten eine Parallelwelt, in die Joanne Rowling immer abtauchen konnte. Eine Welt, die viele Gedanken, Zeit und Energie absorbierte, die sonst vielleicht in depressives Grübeln geflossen wären.

So wie Joanne Rowling in ihrer Biografie beschrieben wird, ist sie mit Sicherheit hochsensibel. Ein Dozent am sprachwissenschaftlichen Institut der Universität Exeter, wo Joanne Rowling studiert hat, schildert sie als scharfsinnige Beobachterin und verträumte Einzelgängerin. Joanne verlor ihre Unterlagen und versäumte es, sich rechtzeitig für die Prüfung anzumelden. Sie lebte in ihrer eigenen Gedankenwelt, und sie war schon immer sehr mitfühlend, vor allem mit Kindern und allein erziehenden Müttern. Sie kämpfte bei Amnesty International gegen Unrecht und für die Freilassung von politischen Gefangenen. Und sie brauchte schon immer Zeit für sich. In den Mittagspausen ging sie nie gemeinsam mit ihren Kollegen zum Essen. Als ihre Ausreden zu fadenscheinig wurden, fragte sie einmal ein Kollege, ob sie denn vielleicht eine »Mittagspausenaffäre« habe. Ja, mit ihren Gedanken und ihren Büchern!

Viele Schriftsteller sind hochsensibel. Zum Schreiben braucht man eine sehr rege Fantasie. »Stimmt« antworteten alle 17 Frauen, die meinen Fragebogen ausgefüllt haben, auf die Aussage: »Ich bin fantasievoll.« Und wer eine gute Fantasie hat, dem fällt immer etwas ein, er hat ein reiches Innenleben und kann sich meist auch gut beschäftigen.

Die Autorin Hera Lind sagte einmal in einem Interview auf der Frankfurter Buchmesse, dass ihre Familie oft irritiert sei, wenn Lachsalven aus ihrem Arbeitszimmer zu hören seien. Ihr mache das Schreiben ihrer Bücher genauso viel Spaß wie vielen Leserinnen das Lesen.

Wer allerdings glaubt, das Leben am Schreibtisch sei geruhsam, der irrt sich gewaltig. Ein kreativer Prozess bringt immer Geburtswehen mit sich. So schrieb Thomas Mann an seinen Bruder Heinrich: »Mit graut vor dem Tage und er ist ja nicht mehr fern, wo ich wieder allein mit mir eingeschlossen werde und ich fürchte, daß die egoistische Verödung und Verkünstelung dann rasche Fortschritte machen wird.«

Das ist die eine Seite. Die andere Seite beschreibt der Schriftsteller Peter Prange in einem Interview:

»Schreiben ist der schönste Beruf, den es gibt. Während ich scheinbar harmlos am Schreibtisch sitze, erlebe ich dramatische Abenteuer und Liebesaffären. Und selbst, wenn ich in Gedanken schlimme Verbrechen begehe, wenn ich lüge, morde und stehle, macht mir niemand einen Vorwurf. Ja, man gibt mir sogar Geld dafür. Einziger Nachteil: Seit ich Romane schreibe, ist mein Blutdruck so sehr gestiegen, dass ich ihn behandeln muss.«

Ein Leben als beobachtender Zaungast ist nicht jedermanns Sache, aber Hochsensible können das.

Feinfühlige Kreativität

Ein junger Ingenieurstudent aus Oregon hatte sich in den Siebzigerjahren in eine südvietnamesische Austauschstudentin verliebt. Und obwohl gerade der Vietnamkrieg wütete, zog er mit seiner Freundin in deren Heimat. Dort arbeitete er als Hubschraubermechaniker bei der US-Armee.

Eines Tages schaute er einigen Jugendlichen zu, wie diese ein Motorrad mit bloßen Händen zusammenschraubten. Das faszinierte den jungen Mann ungeheuer. »Ich war beschämt, weil ich so etwas nicht auch konnte«, erinnerte er sich später. Die Szene mit den jugendlichen Mechanikern ließ ihn nicht mehr los.

Dann überrollten ihn die politischen Ereignisse. Die Amerikaner verloren den Vietnamkrieg, Saigon wurde von den Nordvietnamesen eingenommen und der amerikanische Student floh mit seiner einheimischen Freundin bei Nacht und Nebel aus dem Land. Das war 1975.

Anschließend reiste das junge Paar in neun Monaten durch 20 Länder in Asien und Europa. Weil ihr alter Fiat auf der strapaziösen Reise ständig kaputtging, musste sich der Student immer wieder etwas einfallen lassen und sein ganzes mechanisches Geschick aufbieten, damit es wieder vorangehen konnte. In seinem Kopf reifte die Idee von einem Werkzeug, das man für fast alles benutzen können sollte. Ein Werkzeug, das wenig Platz brauchte und das außerdem handlich und leicht war.

In einem Hotelzimmer in Teheran schnitt er aus einem Pappkarton einen ersten Entwurf. Als er nach Oregon zurückgekehrt war, mietete sich der Student – er hieß übrigens Andrew Leatherman – eine Garage und tüftelte nochmals acht Jahre lang an seinem Superwerkzeug. Leatherman wird als bescheidener Tüftler mit leiser Stimme und vielen Selbstzweifeln geschildert – er war ziemlich sicher ein Hochsensibler!

Irgendwann war der erste »Leatherman« fertig: 13 verschiedene Werkzeuge waren auf einer Länge von 13 Zentimetern vereint. Alles konnte man ausklappen und wieder zusammenklappen und sogar am Gürtel in einem Ledertäschchen tragen – perfekt für Leute, die unterwegs sind. 1983 war es dann so weit. Andrew Leatherman gründete eine Produktionsfirma, die Leatherman Tool Group

Inc. und verkaufte sein erstes Exemplar an einen deutschen Touristen.

Und dann kamen die Spötter. Leatherman versuchte sein Allround-Werkzeug an große Firmen zu verkaufen, damit es in großer Stückzahl auf den Markt kommen konnte. Die taten es ab als Spielerei und lachten darüber. Und auch Leatherman selbst zweifelte immer mehr – nicht an der Genialität seiner Erfindung, sondern an einem großen Absatzmarkt. Er konzentrierte sich zunächst auf die Survival-Bewegung und auf Rucksacktouristen. Dann wurde der Leatherman in einen Bestellkatalog aufgenommen – und hatte über Nacht einen phänomenalen Erfolg. Mehr als 40 Millionen Exemplare verkauften sich in einem Jahr. Plötzlich brauchte jeder einen Leatherman. Der Erfinder aber blieb bescheiden – und tüftelt bis heute weiter.

Was macht diesen Erfinder so besonders? Es ist die Tatsache, dass er sich schämte, weil er kein Motorrad mit bloßen Händen zusammenbauen konnte. Ein weniger Sensibler hätte sich dafür nicht geschämt, sondern hätte es eher abgewertet: »Das taugt doch nichts, die Schrauben fallen bald ab, die können doch nicht fest sein.« Leatherman hat die Fähigkeit der Jugendlichen geachtet und gewürdigt, und er ließ sich tief davon beeindrucken. So tief, dass er zu seiner Erfindung inspiriert wurde.

Diese tiefe Beeindruckbarkeit, aber auch die Selbstzweifel sind typisch für Hochsensible. Leatherman ließ sich aber nicht unterkriegen. Seine Inspiration feuerte ihn an, und es hat sich gelohnt.

Mutige Innenschau

Die gute Beobachtungsfähigkeit bringt noch etwas sehr Wertvolles mit sich: eine gute Introspektionsfähigkeit. Introspektionsfähigkeit (lateinisch: intro = hinein, und spicere = schauen) ist die Fähigkeit, sich selbst zu beobachten und dadurch Selbsterkenntnis zu gewinnen. Jeder, der mit Menschen zu tun hat, profitiert nicht nur von der Fähigkeit, sich in andere Menschen einzufühlen (Empathie), sondern auch von der Einfühlung in sich selbst. Mit einen Beispiel wird klarer, was gemeint ist:

Eine alte Dame feiert ihren 80. Geburtstag. Die ganze Verwandtschaft sitzt fein herausgeputzt an einer langen weißgolden geschmückten Tafel. Die Vorspeise ist bereits verspeist. Alles wartet auf den Hauptgang: Ente mit Apfelsine. Die nähere und fernere Verwandtschaft unterhält sich. Animositäten werden heute beiseite gelassen. Eine unterschwellige Spannung liegt trotzdem in der Luft.

Da der Hauptgang noch etwas auf sich warten lässt, ergreift Hedwig, die älteste Tochter der 80-Jährigen, die Gelegenheit, eine kleine Ansprache auf ihre Mutter Adelheid zu halten. Sie klopft mit der Gabel sachte ans Glas, um sich die Aufmerksamkeit aller zu sichern.

»Liebe Gäste, ich freue mich, dass … Und nun wollen wir gemeinsam auf unser liebes Geburtstagskind aufstoßen. Prost!«

Eine eisige Stille entsteht im Raum. Eine Sekunde, zwei Sekunden, drei Sekunden.

»Prost Adelheid!«, ruft Cousin Karl, der sich als Erster gefasst hat. Die Mienen entgleisen zu einem süßsauren Lächeln: »Prost!«

»Was ist los?« flüstert Hedwig ihrer Schwester zu. »Habe ich etwas Falsches gesagt?«

»Du hast ›aufstoßen‹ statt ›anstoßen‹ gesagt!«, zischt diese empört zurück. Hedwig wird puterrot. Wie peinlich!

Das Thema wird gewechselt. Jeder tut so, als wäre nichts geschehen. Seltsam nur, dass die weitläufigere Verwandtschaft schon bald nach dem Essen zum Aufbruch drängt. Um der alten Dame zu viel Trubel zu ersparen, ist die offizielle Begründung.

Nun ist Hedwig eine hochsensible Frau. Den Versprecher als Zufall oder als Stresssymptom abzutun oder gar den Gästen zu unterstellen, sie hätten sich verhört, ist nicht Hedwigs Art. Hedwig weiß, dass ihr Unterbewusstsein mit der Wahrheit herausgeplatzt ist. Aufstoßen liegt nahe an »erbrechen«. Und im Lauf des nächsten Tages wird ihr immer mehr bewusst, dass die Situation tatsächlich zum »Kotzen« gewesen ist. Warum?

Die entferntere Verwandtschaft spekulierte darauf, von der reichen und großzügigen 80-Jährigen noch einiges an Antiquitäten, Geschirr und Schmuck zu erheischen. Dazu musste man sich bei der Geburtstagsfeier blicken lassen und der alten Dame ein bisschen schmeicheln. Hedwigs mutiges Unterbewusstein hat das ganze Theater benannt.

Zur Innenschau gehört Mut. Nicht alle unsere Motive sind edel. Wenn wir uns selbst besser kennen lernen möchten, müssen wir unsere Selbstverteidigung und alle Rechtfertigungen zeitweise weglassen. Kein »Ja, aber …«, sondern »Könnte es sein, dass es irgendwo gewollt war?« oder »Warum tue ich mir das an?«, »Was möchte ich damit erreichen?«

»Als Kathrin noch ein Baby war, wollte ich alles perfekt machen. Ich stillte Tag und Nacht und hatte das Baby immer am Körper. Nach vier Monaten war ich so erschöpft, dass ich eine Depression bekam. Da ich noch stillte, durfte ich keine Medikamente nehmen, was mir ganz recht war. Ich machte eine Psychotherapie. Die Therapeutin fragte mich, warum ich mich so verausgabe, wo dies doch so offensichtlich über meine Kräfte ging. Irgendwann kam heraus, dass es Angst war. Meine Mutter hatte mir gepredigt, dass man

ein Baby an einen strengen Rhythmus gewöhnen müsse, notfalls mit Gewalt. Schreien lassen, wenn noch nicht Fütterungszeit ist, aufwecken zum Füttern, abends pünktlich ins Bett bringen und Licht ausmachen und wieder schreien lassen, bis das Kind eingeschlafen ist. Mir war diese Art von ›Erziehung‹ vollkommen zuwider. Ich habe unter der Kälte meiner Mutter immer gelitten, und ich wollte eine warmherzige und verständnisvolle Mutter sein. Meine Angst, die nun ans Tageslicht kam, war, dass ich genauso kaltherzig wie meine Mutter werden könnte. Und nun fing die Arbeit in der Therapie an. Da ich jede Abgrenzung von meinem Kind als kaltherzig abgestempelt hatte, gab es für mich nur die Alternative Selbstausbeutung bis zur Depression. Nur schwarz oder weiß.« Elsie zieht ihre Beine aufs Sofa und sitzt nun im Schneidersitz vor mir. Sie beugt ihren Kopf zu mir, als wolle sie sicher gehen, dass ich ja auch alles gut höre.

»Um die ›Grautöne‹ zu entwickeln, musste ich lernen, in der jeweiligen Situation mit Kathrin darauf zu achten, wie viel Entgegenkommen von meiner Seite für mich in Ordnung war. Es war nicht leicht, aber ich habe gelernt, auch meine eigenen Bedürfnisse ernst zu nehmen und zum Beispiel meinen Mann mehr einzuspannen.« Elsie lächelt und fährt fort: *»Diese neue Abgrenzungsfähigkeit klappt nur, wenn ich aufmerksam auf meine eigenen Äußerungen achte. Wenn ich zum Beispiel jammere und schimpfe, heißt das oft, dass ich mich wieder übernommen habe. Und seitdem ich akzeptieren kann, dass ich nicht gleich kaltherzig bin, bloß weil ich eigene Bedürfnisse habe, fällt es mir viel leichter, egoistischer zu sein.«*

Jeder Psychotherapeut wünscht sich introspektionsfähige Klienten, denn mit diesen kann er sehr gut arbeiten. Wer den Mut hat, seine eigenen Gefühle, Träume, Beweggründe und Ansprüche, die uns meist nicht voll bewusst sind, ehrlich anzuschauen, lernt sich selbst kennen – und damit auch andere.

Die Beobachtungsabe Hochsensibler und ihr feines Gespür sind die wichtigsten Voraussetzungen für die Innenschau, die auch »intrapersonale Intelligenz« heißt. Die Fähigkeit, über sich selbst nachzudenken, erfordert stilles Brüten, ehrliches Analysieren, Untertöne deuten und die Bereitschaft, sich selbst den Spiegel vorhalten zu lassen. Hochsensible sind hier einsame Spitze!

Die stille Kraft der Sensiblen

Die gute Empathie, die überbordende Fantasie, die gute Introspektionsfähigkeit, die hohe Intuition, die begeisternde Kreativität, die gute Sprachbegabung, der Sinn für andächtige Stimmung und für alles Schöne überhaupt sind unsere stärksten Qualitäten.

Sie machen aus uns hingebungsvolle Verkäuferinnen, besonnene Ärztinnen, mitfühlende Therapeutinnen, spitzfindige Übersetzerinnen, innovative Pfarrerinnen, penible Historikerinnen, anspruchsvolle Architektinnen, interessierte Zuhörerinnen, begnadete Musikerinnen, einfühlsame Mütter, vorausblickende Kindergärtnerinnen, zuverlässige und gewissenhafte Sekretärinnen, umsichtige Krankenschwestern, tiefsinnige Philosophinnen, fantasievolle Schriftstellerinnen, anschmiegsame Geliebte, verständnisvolle Freundinnen – und großzügige Kundinnen.

Wenn es uns nicht gäbe, hätten Theater, Modegeschäfte, Dekoläden, Parfümerien, Buchhandlungen und Kosmetiksalons nichts zu lachen. Und viele andere auch nicht.

»Kitsch ist für mich Öl für die Seele«, schrieb mir eine Frau. Recht hat sie! Wenn wir uns an etwas Schönem erfreuen, tauen wir innerlich auf, und unsere Stimmung und unsere Leistung steigen ruckartig an.

Die Aussage im Fragebogen »Ich bin oft begeistert« bestätigten 14 von 17 Frauen mit »stimmt«. Wer sich Stimmungen zu Herzen nimmt, der kann sich eben auch von der Begeisterung anderer mitreißen lassen.

Sogar eine Prinzessin auf der Erbse, wie die Kaiserin Sisi, konnte so begeistert sein, dass sich ihre Hofdamen über sie aufregten. So zum Beispiel bei einem der vielen Staatsbesuche in Ungarn: Sisi liebte alles Ungarische und hatte die Sprache sehr gut zu sprechen gelernt. In Ungarn hielt sie anstrengende Empfänge spielend durch, die sie in Wien entsetzt abgelehnt hätte. Das Hofpersonal kritisierte auf den ungarischen Bällen »die eleganten, wenngleich halbnackten Toiletten« der Damen, also deren sexy Outfit.

»Diese Freizügigkeit, diese Ungeniertheit und das offen gezeigte Temperament der ungarischen Aristokratie war jedoch gerade das, was die junge Kaiserin nach dem steifen Wiener Hofleben anzog und sichtlich begeisterte. Unter den Hoch-Rufen der einfachen Leute in Ungarn und den bewundernden Blicken des ungarischen Adels blühte Sisi auf.«

Wie das? Die sonst so zurückhaltende Kaiserin plötzlich ausgelassen mittendrin? Und sie sprach so oft sie konnte Ungarisch in Ungarn – unter anderem auch, weil sie dann ihr eigener Hofstaat nicht verstand. Sisi scheint in Ungarn eine ganz andere Person gewesen zu sein.

Kennen Sie das bei sich selbst auch? Dass Sie in manchen Situationen völlig aus sich herausgehen können und plötzlich gar nicht mehr müde, erschöpft, zurückhaltend und scheu sind?

Nehmen Sie ein Blatt Papier und schreiben Sie alle Situationen in Ihrem Leben auf, in denen sie ausgelassen und fröhlich waren – im lauten Glück. Danach notieren Sie alle Situationen, in denen Sie fasziniert waren, ergriffen und tief berührt – im stillen Glück. Diese Situationen sollten wir so oft wie möglich aufsuchen, auch in unserer Fantasie. Es ist wunderbar, wenn wir diese Begeisterung in uns selbst entfachen können. Ja, im Hinblick auf eine gute »Seelenpflege« müssen wir dies täglich tun.

Erinnern wir uns an die Worte von Elaine Aron: Hochsensible sind in einem ungünstigen Umfeld extrem störbar, wachsen aber in einer günstigen Umgebung über sich selbst hinaus. Es gilt, dieses günstige Umfeld ständig neu für sich zu schaffen. Das ist eine schwierige Aufgabe.

Die meisten Hochsensiblen halten das Alleinsein gut aus. Sie sind fähig, einsam zu brüten und ihre eigenen Visionen und Ideen zu hegen und an ihnen zu tüfteln. Frauen wird das »Zimmer für sich allein«, das Virginia Woolf forderte, teils noch immer verwehrt. Der zeitweilige selbst gewählte Rückzug ist für Hochsensible die Grundvoraussetzung, damit gute Ideen keimen und wachsen können. Wir müssen unsere speziellen Qualitäten hervorholen und aufpolieren, dazu brauchen wir Zeit, Mut sowie inneren und äußeren Eigenraum, in den wir uns zurückziehen können.

Friedrich Nietzsche sagte es so schön:

Wer viel einst zu verkünden hat,
Schweigt viel in sich hinein.
Wer einst den Blitz zu zünden hat,
Muss lange Wolke sein.

VIII

Lieber eindämmen als ausflippen

Lieber gesammelt als verloren

So, nun können wir eigentlich doch recht zufrieden sein mit unserer Sensibilität und stolz auf unsere guten Eigenschaften sein. Ha, fast sind wir zu gut für diese Welt. Oder doch nicht?

Der Dichter Christian Morgenstern hat einmal gesagt: »Niemand ist zu gut für diese Welt. Menschen, von denen dies gesagt wird, sind vielmehr in irgend einem Betrachte nicht gut genug.« Na ja, Sie und ich wissen, wo bei uns Sensiblen der Hase im Pfeffer liegt. Dort, wo wir auf die raue, laute Welt treffen und uns mal wieder alles viel zu viel wird. Wenn unsere ganz spezielle »Erbse« eben wieder drückt.

Hochsensible haben nicht nur eine einzige Erbse. Jeder hat seine eigene Erbsensammlung. Bekanntlich kann jede »Erbse« bei Sensiblen zum Kontrollverlust führen. Schon der drohende Kontrollverlust macht uns Angst, ja sogar Panik. Bevor es aber zur Panik, zum Tränenausbruch oder zum Ausflippen kommt, gibt es einige Frühsignale, die uns oft gar nicht richtig bewusst sind.

»Wenn ein Kontrollverlust droht – ich denke jetzt mal konkret an Tage, wenn ich zu viele Patienten behandeln muss – werde ich von Patient zu Patient immer kürzer angebunden, immer geschäftsmäßiger. Nach etwa vier Stunden, also nach acht Patienten wird auch meine Mimik weniger lebendig und ich selbst bin weniger freundlich. Kommen

dann noch Telefonate hinzu, gerate ich in Zeitverzug. Da kommt es dann öfter vor, dass ich beim Telefonieren einen Kugelschreiber kaputtmache.« Elsie fängt an herumzuzappeln. Sie scheint es gar nicht zu merken.

»Dann werde ich hektisch. Will meine Kollegin dann noch etwas von mir, werde ich manchmal ziemlich zickig oder ich fange an zu jammern. Ich vergesse dann auch zum Beispiel einen neuen Termin mit dem Patienten auszumachen oder andere Dinge. Der Druck, Kathrin vom Kindergarten abzuholen, belastet mich dann zusätzlich. Wenn ich dann sehr spät aus der Klinik wegkomme, bin ich schon mitten im Kontrollverlust. Ich sehe dann schon die Kindergärtnerin vor mir, wie sie vorwurfsvoll in der Tür steht, weil sie mal wieder auf mich warten musste. Und Kathrin sehe ich schon weinen, weil sie Angst hat, ich könnte nicht mehr kommen. Ich fahre dann leider auch noch viel zu schnell.« Elsie erlebt fast täglich einen dieser kleineren Kontrollverluste. Bei ihr macht er sich bemerkbar durch:

- weniger Mimik
- kurz angebundene Antworten
- Kugelschreiber kaputtmachen
- »herumzicken«
- jammern, anderen Vorwürfe machen
- vergessen von Terminen, Handtaschen, Kalendern
- wenig freundliches, unpersönliches Verhalten
- Hektik
- zu schnelles Autofahren.

Bei Elsie zeigen sich alle fünf Kennzeichen der Furcht. Diese sind Flucht, Kampf, erstarren, abtauchen oder sich ausblenden und ein nervöses Herumspielen. Alle fünf Verhaltensweisen sind Angstreaktionen und damit Hinweise auf drohenden Kontrollverlust. Nun wäre »eindämmen« angebracht, aber wie?

Elsies Gedanken an die vorwurfsvolle Erzieherin und die verzweifelte Tochter ziehen sie wie ein Sog in die Panik des Kontrollverlustes hinein. Elsie müsste jetzt versuchen, sich zu fassen und zu sammeln. Sie könnte ihr Telefon aushängen oder das Klingeln ignorieren. Sie könnte die Erzieherin anrufen und ihr späteres Kommen ankündigen. Elsie könnte sich auch wehren und ab elf Uhr grundsätzlich keine Patienten mehr annehmen. Auf der Fahrt zum Kindergarten könnte sich Elsie innerlich zur Ordnung rufen, das heißt sie könnte sich zwingen, langsamer Auto zu fahren, und die Gedanken an ihre Tochter und die Erzieherin immer wieder bewusst wegschieben.

Alle diese Taktiken sollten schon dann eingesetzt werden, wenn eine leichte Hektik (Frühsignal!) aufkommt. Wenn wir anfangen zu jammern oder zu schimpfen, sind wir meist schon mitten drin im Kontrollverlust. Jammern und schimpfen sind schon keine Frühsignale mehr, da sie bereits Ohnmacht anzeigen.

Lieber verhüllt als angeglotzt

Den fünften Duke of Portland, W. J. C. Scott-Bentick (1800–1879), drückte die »Erbse« immer, wenn er von Menschen angeschaut wurde. Er bewohnte nur einen kleinen Trakt seines stattlichen Anwesens und kommunizierte mit seinen Dienern über einen in die Tür eingelassenen Briefkasten. Seine Mahlzeiten ließ er sich mit einer kleinen Eisenbahn aus der Küche in den Speisesaal fahren. Wenn er zufällig einem Diener begegnete, stand er stocksteif und mäuschenstill da, und die Diener waren angehalten, ihn zu ignorieren. Wer dies nicht tat, musste zur Strafe bis zur Erschöpfung mit Schlittschuhen auf der hauseigenen Eisbahn fahren. Als er sein Anwesen und die Gärten für das Publikum öffnete, bat er auch die Touristen darum, einfach »so gut zu sein und ihn nicht zu *sehen*«.

Besonders die 70 Prozent Schüchternen unter den Hochsensiblen können die Menschenscheu des Herzogs von Portland nachfühlen. Vielleicht nicht ganz in diesem Ausmaß, aber doch eindeutig.

»Nichts ist reizvoller als die Aufmerksamkeit anderer Menschen. ›Bunte‹ schafft Aufmerksamkeit.« Wen auch immer diese Werbung für die Zeitschrift ›Bunte‹ ansprechen soll – Sensible sind es sicher nicht!

Keine der von mir befragten Frauen liebt es, angeglotzt zu werden. Besonders unangenehm – auch da waren sich wieder alle einig – ist es, von den falschen Männern angeglotzt zu werden.

»Südländisch aussehende, schmierige Männer«, meinte eine Frau. Am zweitschlimmsten ist das Beäugtwerden von »jungen, schlanken, schönen Frauen«. Als Sexualobjekt ausgeguckt und von »überlegenen« Frauen abgewertet zu werden, scheint am unangenehmsten zu sein.

»Besonders hasse ich es«, schrieb mir eine junge Frau, »wenn mir ältere Männer auf den Busen und auf den Po starren. Da bekomme ich Aggressionen.«

Alle 17 Frauen antworteten auf die Frage »Haben Sie manchmal keine Lust auf Menschen?« nicht nur mit ja, sondern einige schrieben noch dazu: »Ja, sehr oft!« oder : »Ja, öfter als mir lieb ist!« Eine Frau drückte es so aus:

»Ja, sehr oft. Ich verkrümle mich dann in meiner Wohnung und habe meine Ruhe. Da ist es nicht so laut, da gibt es nicht so viele abschätzende Blicke, die nur Äußerlichkeiten bewerten, nicht so viele Geräusche, weniger Farben und Lichteindrücke und weniger Angst, angesprochen zu werden.«

Für Sensible ist der Umgang mit anderen oft mit Mühen verbunden. Dies kommt einmal dadurch, dass sich Sensible auf ihr Gegenüber einstellen und auf dessen Gedanken und Gefühle eingehen. Wir haben ja schon gesehen, dass es eine Leistung ist, empathisch auf andere einzugehen, und Leistungen kosten immer Kraft. Wer sich verausgabt, muss sich erholen, sonst droht Kontrollverlust.

Der andere Grund ist befürchtete Kritik oder die unausgesprochene Aufforderung, sich zu verstellen. »Robust und belastbar« zu spielen, wie es eine der Frauen im Fragebogen ausdrückte. Auch Neid und Missgunst werden befürchtet. Falschheit ist eine Eigenschaft, die Sensiblen zutiefst zuwider ist.

Auch Kaiserin Sisi hatte dagegen eine große Abneigung, die sie in einem Gedicht festhielt, wobei sie sich selbst als Titania bezeichnete:

Nicht soll Titania unter Menschen gehen,
In diese Welt, wo niemand sie versteht.
Wo hunderttausend Gaffer sie umstehen,
Neugierig flüsternd: »Seht die Närrin, seht!«
Wo Missgunst neidisch pflegt ihr nachzuspähen,
Die jeder ihrer Handlungen verdreht.
Sie kehre heim in jene Regionen,
Wo ihr verwandte schön're Seelen wohnen.

Sensible haben verschiedene Strategien, um die mit der Aufmerksamkeit verbundene Spannung einzudämmen und dem Kontrollverlust vorzubeugen. Das Verkriechen zu Hause gehört dazu, das Aufsetzen einer freundlichen Fassade ebenso. Ein eigenes Zimmer am Arbeitsplatz ist ein Segen. Schlimm dran sind die Sensiblen, die den ganzen Tag »eingesehen« werden: Verkäuferinnen, Kassiererinnen, Angestellte in Großraumbüros, Lehrerinnen. Ihnen geht der Beruf an die Substanz. Manche werden dick, um sich eine Schutzhülle zuzulegen, manche entwickeln ein Magengeschwür. Verhüllen wir uns lieber, bevor es so weit kommt. Schade, dass die Zeit der Tarnkappen vorbei ist! Sich verhüllen heißt sich abgrenzen.

Der Earl of Portland begab sich ab und zu nach London zu seinem Stadtwohnsitz Harcourt House. Dann wurde er in einer verhüllten Kutsche in einem unterirdischen Gang zum nächsten Bahnhof gefahren. Dies war der abgelegene Bahnhof in einem Dorf namens Worksop. Dort wurde das Oberteil der Kutsche auf einen flachen Waggon geladen und nach London gefahren. In London wurde das Kutschenoberteil dann wiederum auf Kutschenräder montiert und zur Villa des Herzogs gefahren. Perfekt!

Die Kutsche blieb die ganze Zeit verhüllt, versteht sich.

Bett, Buch und Ruhe

Stellen Sie sich vor, draußen tobt ein Schneesturm ums Haus. Es ist nasskalt und ungemütlich, Sie aber liegen in Ihrem gemütlich warmen Bett und lesen ein schönes, spannendes Buch. Neben Ihnen steht eine Tasse heißer Tee und Sie sind völlig ungestört. Na, fühlen Sie sich wohl? Dieses Behagen ist das Hüllengefühl.

Es kann mal mehr und mal weniger stark sein. Beim Kontrollverlust ist es abhanden gekommen, deshalb verlieren wir uns und flippen aus. Beim Ausflipppen verlieren wir die Fassung, die Kontur, die Nerven, die »Contenance«.

Das Hüllengefühl beeinflusst unser Selbstvertrauen und unsere Souveränität. Bei gutem Hüllengefühl sind wir friedlich, ausgeglichen, geborgen und fühlen uns eins mit uns selbst.

Das Hüllengefühl wird im Schlaf aufgebaut und je mehr einer »außer sich« ist, desto schwächer ist sein Hüllengefühl. Es wird stärker, wenn wir uns zurückziehen und erholen und wenn wir unsere Ruhe haben. Bei Hektik und Hetze wird es wieder schwächer. Gerade Sensible brauchen immer wieder Zeit zur Erholung im »Innen«. Zu viel im »Außen« zu sein laugt uns aus.

Wir brauchen eine Balance zwischen »innen« und »außen«, zwischen Ruhe und Aktivität, zwischen In-uns-Gehen und Uns-nach-außen-Verströmen. Wenn wir uns im Außen verausgaben, dann müssen wir uns erholen, also etwas zurückholen, was wir verausgabt haben. Es ist logisch: Je mehr wir uns verausgabt haben, desto länger sollten wir uns erholen oder uns gar nicht erst so sehr verausgaben. Ein besseres Hüllengefühl verhindert das Verausgaben, da uns eine unsichtbare Hülle, eine Kontur umgibt.

»Kann es sein, dass manche Menschen mein Hüllengefühl stärken und andere es schwächen? Ich habe den Eindruck, dass mein Hüllengefühl in der Gegenwart einer gewissen Kollegin schmilzt wie Butter in der Sonne!« Elsie lacht und hält sich die Hand vor den Mund. Ja, Elsie hat Recht. Es gibt tatsächlich menschliche Energieräuber, die das Hüllengefühl schwinden lassen. Solche Energieräuber sind für die von mir befragten Frauen: egozentrisch und von sich eingenommen, anstrengend und oberflächlich, falsch und hinterhältig, intolerant und missgünstig, humorlos und oberflächlich.

»Man fühlt sich in ihrer Gegenwart immer ein bisschen klein und unwohl. Und wenn sie wieder weg sind, dann ist man ausgelaugt. Man kann sie nur sehr dosiert ertragen«, ist Elsies Resümee über die Nervensägen.

Bei sich selbst kann man in der Gegenwart von Energieräubern dieselben Signale beobachten wie beim drohenden Kontrollverlust, wenn die Ohnmacht schon lauert, aber noch nicht voll manifest ist: jammern, Unruhe, Nervosität, erstarrte Mimik, kaputte Kugelschreiber, schlechte Laune, Unkonzentriertheit, Versprecher, plötzliche Kopfschmerzen. Es gibt eine sehr gute Übung zur Stärkung des Hüllengefühls, die Sie bereits morgens vor dem Aufstehen machen können. Sie geht so:

Legen Sie sich in ihrem Bett auf den Rücken. Atmen Sie

langsam und regelmäßig ein und aus, bis sich Ihre Span-
nungen lösen. Stellen Sie sich vor, dass Sie in einer Säule
aus hellem, reinem Licht stehen. Stellen Sie sich vor, dass
Sie die Hände nach oben strecken und den Mund öffnen.
Das weiße Heillicht durchströmt nun jede Zelle Ihres Kör-
pers und stärkt Sie. Nun schweben Sie langsam in der
Lichtsäule empor, bis in den Himmel. Dort kommt Ihr
höheres Selbst – oder Ihr Schutzengel – auf Sie zu. Sie um-
armen sich, und die Liebe und der Friede Ihres höheren
Selbstes gehen auf Sie über. Genießen Sie das Gefühl. Dann
lösen Sie sich vom höheren Selbst, schweben langsam wie-
der zur Erde und stellen sich vor, dass die Außenhaut Ihrer
Lichtsäule aus Panzerglas besteht. Das Panzerglas lässt nur
positive Einflüsse herein. Sie bleiben nun einfach in dieser
Lichtsäule und sagen sich zum Abschluss der Übung sie-
benmal: Im Licht bin ich geborgen und geschützt.

Sollten Sie es dann im Lauf des Tages mit Nervensägen
und Energieräubern zu tun haben, dann aktivieren Sie
kurz die Lichtsäule und verdicken in Gedanken einfach
das Panzerglas oder lassen gar aus dem Panzerglas Sta-
cheln wachsen – das wirkt!

Lieber souverän als verausgabt

»Am schlechtesten steht es um mein Hüllengefühl, wenn ich
unter Zeitdruck komme, alles Mögliche gleichzeitig pas-
siert oder wenn alles schief geht«, überlegt Elsie. Genau!

Jetzt kommt es auf zwei Dinge an.

Erstens müssen wir »entschleunigen«. Wenn wir den
Verlust der Kontrolle spüren, möchten wir instinktiv das,
was wir gerade machen, noch schneller machen, also be-
schleunigen. Dies kann natürlich sehr sinnvoll sein. Wenn
uns eine brennende Kerze herunterfällt, werden wir so
rasch wie möglich die Flammen löschen und nicht erst

»entschleunigen«. In Situationen mit hausgemachtem Kontrollverlust (kochen, einkaufen) ist das Entschleunigen aber von Nutzen, da wir so den Überblick wieder bekommen. Die Beschleunigung treibt uns hier nur noch tiefer in die Hektik und damit in den Kontrollverlust hinein. Stellen Sie sich also vor, dass die Kontrollverlustsituation in Zeitlupe abläuft und dass Sie sich ganz langsam darin bewegen. Sofort wird der Prozess entschleunigt und Sie selbst werden wieder ruhiger und souveräner.

Zweitens kommt es auf das Setzen von Prioritäten an. »First things first«, wie es im angelsächsischen Sprachraum heißt. Zum Prioritätensetzen gehören eine gewisse Entschiedenheit und Distanz, denn was wir selbst als wichtig betrachten und was als zweitrangig, das kann uns viel Kritik bei anderen einbringen. Unsere Prioritätenliste durchzuhalten und zu verteidigen erfordert Stärke und Selbstvertrauen.

Wenn wir es allen recht machen wollen, werden wir kopfscheu, und alles ist plötzlich gleich wichtig. In einem solchen Fall werden wir sehr fehleranfällig, weil wir unter erheblichem Stress stehen.

Aber auch wenn wir aus dem Gleichzeitig ein Nacheinander gemacht haben, sind wir vor dem Kontrollverlust noch nicht sicher. Es kann dann Zeitdruck hinzukommen und es kann ganz allgemein alles zu viel sein. Dann müssen wir lernen, Pausen einzulegen, die Arbeit in Abschnitte zu unterteilen und irgendwann einen Schlusspunkt zu setzen. Aus! Basta! Raus aus dem Feld!

»Neulich fuhr ich mit Werner im Auto. Ich saß am Steuer. Wir fuhren in einen mir wenig bekannten Stadtteil. Dort wollte ich in eine Straße nach links abbiegen. Diese Straße hatte zwei Spuren und einen Grünstreifen in der Mitte. Genau auf der Mitte des Grünstreifens stand ein Schild ›Einfahrt verboten‹. Ich wunderte mich, weil es genau auf dem Grünstreifen stand, und dachte natürlich, es bedeute, dass

ich in diese Straße überhaupt nicht einfahren darf. Schon wollte ich an der Straße vorbeifahren, da machte Werner mich darauf aufmerksam, dass das Durchfahrtsverbot nur für die linke der beiden Fahrbahnen gelte. Ich konnte es nicht glauben, Werner machte aber einen solchen Druck, dass ich in diese Straße hineinfahren solle, dass ich rechts ranfuhr und ihm das Steuer überließ. Das war für uns beide o. k.«

Ein so rigoroses Verhalten ist eher untypisch für Elsie. Es war aus der Wut geboren. Warum sollte sie alles so ausführen, wie Werner es wollte? Der Fahrer ist für das Fahren verantwortlich. Soll Werner doch selbst fahren, wenn er anders fahren will!

Neulich las ich von einem Unfall, den eine Autofahrerin verursacht hatte, weil sie auf eine Ampel reagiert hatte, die für sie nicht »zuständig« war. Lieber einmal zu oft gezweifelt als einmal zu wenig!

Nun sollten wir uns aber einmal fragen, was uns am Kontrollverlust solche Angst macht. Haben wir den Mut, die Angst vor Kontrollverlust genauer anzusehen!

»Mut zur Angst heißt Mut zur Niederlage«, sagt der anthroposophische Pädagoge Henning Köhler. Was heißt das konkret? Wie sieht die Niederlage aus, wenn Elsie in den Kindergarten hetzt, chaotisch kocht oder sich in der Stadt verirrt?

»Ich denke, ich würde mich blamieren!«, antwortete Elsie spontan, als ich ihr diese Frage stellte. Blamieren hat viel mit Scham und mit Verspottetwerden zu tun. Vielleicht auch mit nicht mehr Geliebtwerden?

»Wenn ich es mir recht überlege, dann will ich immer perfekt sein, mir keine Blöße geben, immer schnell und tadellos funktionieren.« Elsie scheint recht betroffen. Auf ihrer Stirn bildet sich eine steile Denkerfalte.

»Was kann mir eigentlich passieren? Die Kindergärtnerin ist vielleicht ein bisschen sauer, Kathrin wird sich wieder *beruhigen, die Gäste kriegen schon noch genug zu essen und das Autofahren in Frankfurt habe ich doch auch ganz gut hinbekommen. Eigentlich –«,* so fügt Elsie nachdenklich hinzu, *»eigentlich ist es unwürdig, wenn man sich selbst so stresst. Ich muss noch darüber nachdenken.«*

Bei genauerem Hinsehen ist die Angst vor dem Kontrollverlust:

● die Angst, sich zum Gespött zu machen
● die Angst, verachtet zu werden
● die Angst vor Fremdbestimmung
● die Angst vor Ohnmacht
● die Angst, nicht allem und allen gerecht zu werden
● die Angst, zickig, dumm und hysterisch zu wirken
● die Angst, nie zu bekommen, was man möchte
● die Angst, zu versagen.

Es ist die Angst vor einem abfälligen Urteil anderer. Solange wir es anderen recht machen wollen, hat deren abfälliges Urteil die Kraft, unser Selbstwertgefühl schwer zu beeinträchtigen.

Wir müssen im Lauf unseres Lebens lernen, unserem eigenen Urteil mehr Gewicht zu geben als dem Urteil anderer.

Sich auf Vertrautes besinnen

Wenn unser Hüllengefühl gut ist, dann haben wir das Gefühl, sicher auf eigenem Grund zu stehen. Dann *spielen* wir nicht die Souveränen, dann *sind* wir die Souveränen.

Die Angst vor Kontrollverlust ist auch eine Angst vor dem Verlust des Hüllengefühls. Wir können eine Menge tun, um unser Hüllengefühl zu stärken. Allein in unserem sicheren Bett ein gutes Hüllengefühl zu haben, ist keine große Kunst. Hier ist uns alles vertraut, es gibt keine Forderungen, die wir nicht erfüllen können, keine missgünstigen Beobachter und auch keinen Zeitdruck. Um hier zu »genügen«, müssen wir weder toll aussehen noch blitzgescheit sein oder fliegen können. Es reicht einfach, dass wir da sind.

Sich dieses gute Hüllengefühl aber über die Schlaglöcher des Alltages hinweg zu bewahren, erfordert ein bewusstes Hinschauen, Planen und Gegensteuern, wenn es zu bröckeln beginnt. Wir können mit der Zeit ein gutes Gespür dafür entwickeln, welche Situationen und welche Menschen unser Hüllengefühl nähren und welche an ihm zehren.

»Nährend wirken auf mich Momente, in denen ich selbstversunken einer kreativen Tätigkeit nachgehe. Malen, nähen, töpfern. Aber auch beim Stopfen der Löcher, die Kathrin in ihre Strumpfhosen gerissen hat, oder beim Knöpfeannähen. Manchmal nährt mich auch die Hausarbeit, besonders, wenn ich etwas Schönes koche oder backe oder wenn ich Schränke und Schubladen entrümple. Meine Balkonpflanzen pflegen macht mir ebenfalls Spaß — ja, vielleicht ist es das: Was mir Spaß macht, nährt mein Hüllengefühl?«

Elsie hat Recht. Was Spaß macht, nährt. Es ist das Vertraute, hier sind wir souverän und entspannt. Alles, was mit stillhalten und sich verausgaben zu tun hat, zehrt.

»Ewig in anstrengenden Besprechungen zu sitzen und meiner Kollegin bei ihrer Selbstbeweihräucherung zuzuhören, das zehrt. Ich fühle mich dann so angebunden und muss noch ein freundliches Gesicht machen«, meint Elsie.

Eine souveräne Elsie würde der Kollegin etwas Eigenes entgegensetzen: eigene Therapievorschläge, eigene Beobachtungen an Patienten, eigene Änderungsvorschläge. Könnte Elsie eine stärkere Wut auf die Kollegin entwickeln, so bekäme sie aus dieser Wut Kraft, um der Kollegin Kontra zu geben.

Aber Elsie hat noch zu viel Angst, und sie hält still. Das

Stillhalten bewirkt, dass Elsie sich mit ihren Ängsten nicht auseinander setzt. Die Angst verliert man aber nicht, indem man sie meidet, sondern indem man sich – trotz der Angst – etwas traut: widersprechen zum Beispiel oder etwas zu bedenken zu geben. Man sollte dabei im Ton höflich bleiben, aber in der Sache klar sein. Der Zauberspruch heißt: sich auf Vertrautes besinnen.

»Wenn Kathrin bei ihren Großeltern übernachtet, nimmt sie immer ihren Hasenbobby mit. Das ist ein großes weißes Kuscheltier, so eine Mischung aus Schneehase und Eichhörnchen. Ohne den Hasenbobby kann sie nicht schlafen. Er scheint ihr Schutz und Hülle zu geben. Anfangs nahm sie ihn auch in den Kindergarten mit. Er half ihr, sich in der fremden Umgebung wohler zu fühlen«, erzählt Elsie, und man sieht ihr an, dass sie manchmal auch gerne einen Hasenbobby hätte.

Ein Hasenbobby ist ein Stück vertraute Heimat, die einem Sicherheit und Geborgenheit gibt. Auch Erwachsene haben ihre Hasenbobbys: das Plüschherz des Liebsten, das wir mit ins Hotelzimmer nehmen, den Talisman, den wir umhängen, das Glas mit Heimaterde, das der Auswanderer mit in die Fremde nimmt. Je mehr um Sie herum fremd ist, desto stärker muss Ihr Hasenbobby sein, um Ihnen »Heimat« zu geben. Die stärksten, potentesten Hasenbobbys aber haben wir in uns selbst.

Mit Ariadne durchs Labyrinth

Mariella, eine 23-jährige Studentin, arbeitet an mehreren Abenden in der Woche in einer Studentenkneipe als Bedienung. Mariella ist sehr sensibel, und die vielen Stunden, die sie in rauchiger Luft auf den Beinen ist, setzen ihr sehr zu. Wie schafft es Mariella, einen langen, anstrengenden Abend durchzustehen?

»Mein Dienst beginnt um 20 Uhr. Zu dieser Zeit ist noch nicht viel los. Die ersten zwei Stunden geht alles noch ganz gut. Die Bestellungen sind übersichtlich, und ich setze mich, so oft ich kann, um meine Beine zu schonen.

Nach vier Stunden – so gegen Mitternacht – brennen mir dann die Augen, schmerzen die Beine, machen mich die vielen Bestellungen konfus. Um nicht völlig auszuflippen, muss ich mich mental powern. Das schaffe ich nur, weil ich seit drei Jahren täglich meditiere.

Ich achte vor allem darauf, dass ich nicht hektisch atme, sondern das Ausatmen betone. Ich versuche mir einen stabilen Innenraum zu schaffen, ein Auge des Zyklons, wie ich es in der Meditation gelernt habe. Das gibt viel Kraft, weil die Hektik außerhalb von einem selbst stattfindet. Ich bemühe mich, immer freundlich zu sein, denn wenn ich mit jemandem lachen kann, dann entspannt das ebenfalls.

Überhaupt versuche ich mich immer ausschließlich auf Positives zu konzentrieren: auf das Trinkgeld, auf nette Gäste. Ich flirte auch gerne, muss ich sagen. Wenn ich mal gar nicht gut drauf bin, dann gehe ich aufs Klo, setze mich auf die Klobrille und schließe die Augen. Dann mache ich meinen Kopf für zwei Minuten völlig leer. Danach bin ich wieder gesammelt und stabiler und stürze mich wieder ins Gewühl. Natürlich bin ich fix und fertig, wenn ich dann gegen zwei Uhr nach Hause komme. Aber ohne meine Tricks würde ich einen solchen Job gar nicht schaffen.«

Das Vertraute – oder in der Meditation das »Auge des Zyklons« – gibt einem innerlich einen sicheren Raum und lässt von außen weniger herein. Es schafft das im Innen, was sich der fünfte Herzog von Portland im Außen geschaffen hat. Er hatte sich ein riesiges unterirdisches Anwesen bauen lassen, wofür er zeitweise 15 000 Arbeiter beschäftigt hatte. Es gab einen unterirdischen Ballsaal, in dem 2000 Gäste Platz gehabt hätten – wenn es denn ein Fest gegeben hätte. Ein Netz an Tunnels und kilometerlangen Geheimgängen ermöglichte es ihm, mitten in einer Landschaft aufzutauchen, ohne dass er auf dem Weg dorthin gesehen worden wäre.

Diese Lösung ist fast so gut wie eine Tarnkappe. Die drittbeste Lösung nach der Tarnkappe und den unterirdischen Gängen heißt »Ariadne«. Vielleicht erinnern Sie sich noch an die griechische Sage vom Minotaurus?

Ariadne war die Tochter des Königs Minos auf Kreta. Dort hauste in einer labyrinthartigen Höhle der böse Minotaurus, ein Ungeheuer mit Menschenleib und Stierkopf. Jedes Jahr mussten ihm sieben junge Frauen und sieben junge Männer geopfert werden. Der Held Theseus, den Ariadne liebte, wollte den Minotaurus töten. Wie aber sollte er aus dem tiefen und komplizierten Labyrinth wieder herausfinden? – Ariadne gab ihm ein Wollknäuel mit. Dieses rollte er ab, als er in die Höhle ging. Nach vollbrachter Tat rollte er den Faden wieder auf und fand auf diese Weise den Ausgang. So berichtet es die Sage.

Der Name Ariadne eignet sich gut, um daraus einen ARIADNE-Faden zu basteln, der uns hilft, Überspannung zu reduzieren.

A – wie *atmen*. Atmen Sie gleichmäßig und betonen Sie das Ausatmen. Machen Sie eine kleine Pause, bevor Sie erneut einatmen.

R – wie *Rückzug*. Wenn Sie sich nicht äußerlich zurückziehen können, dann tun Sie es innerlich. Stellen Sie sich vor, Sie sitzen am Strand und beobachten das Meer – wie die Wellen auf Sie zurollen und wieder wegrollen.

I – wie »*Ich bestimme*!« Denken Sie daran: Über Ihre eigene Reaktion sind immer noch Sie selbst die Herrin, auch wenn die äußere Situation entgleitet.

A – wie »*Augen zu!*« Wenn Sie die Augen in dieser Situation nicht wirklich schließen können, so blenden Sie aus, was momentan stört, und konzentrieren Sie sich nur auf den nächsten Schritt.

D – wie *Distanzierung*. Stellen Sie sich vor, Sie sehen sich von außen, zum Beispiel von oben. Da unten laufen Sie herum und sind kurz davor, die Nerven zu verlieren. Je weiter Sie sich von der handelnden Figur da unten entfernen, desto gelassener werden Sie da oben.

N – wie *Nein*. Lernen Sie, immer öfter nein zu sagen, wenn eine Reizüberflutung droht.

E – wie *Entschleunigung*. Denken Sie an die Übung, bei der jede Handlung in Zeitlupe gemacht wird. E heißt außerdem »eins nach dem anderen«.

Mit der Kurzformel ARIADNE haben Sie die wichtigsten schnell wirkenden technischen Hilfsmittel zur Hand, wenn es mal wieder hoch hergeht.

Der Trick heißt: üben, üben, üben!

Weltschmerz – oder die Zeit der langen Schatten

Besonders wenn es uns nicht so gut geht, wenn wir uns unsicher oder gestresst fühlen, wird uns schnell alles zu viel. Dann haben wir kein gutes Hüllengefühl, denn dieses verträgt sich schlecht mit Überspannung.

Das Hüllengefühl unterliegt bei vielen Menschen aber auch tageszeitlichen Schwankungen. Diese sind bei hochsensiblen Menschen ganz besonders ausgeprägt. Ist der frühe Morgen – wenn das Hüllengefühl noch durch den Schlaf gestärkt ist – für die meisten Befragten die Lieblingstageszeit, so ist insbesondere die »blaue Stunde«, die Stunde zwischen Tag und Nacht, für viele von uns nicht ganz einfach zu bewältigen.

»Kennen Sie den Zustand der frühabendlichen Beklommenheit? Wie sieht dieser Zustand bei Ihnen aus?«, fragte ich im Fragebogen. 15 von 17 Frauen kannten diesen Zustand. Einige bezeichneten ihn als melancholisch.

Schauen wir uns an einige Beschreibungen an:

- Ich bin in dieser Zeit müde und launisch.
- Ich komme ausgelaugt von der Arbeit nach Hause und fühle mich einsam, träge und bewegungsunfähig.
- Ich spüre eine Unruhe, Depressivität, Lustlosigkeit und Konzentrationsunfähigkeit. In der Zeit kann ich nichts mit mir anfangen.
- Ich bin einsam, müde, hungrig. Kriege nichts »gebacken« und ärgere mich, dass die Zeit so nutzlos verstreicht.
- Melancholie – alles wächst mir über den Kopf.
- Einerseits innerlich leer und andererseits von Gedanken überrannt.
- Ich fühle mich unglücklich, traurig, zu nichts zu gebrauchen.
- Ich fühle mich verlassen und aus dem Gleichgewicht.
- Ich bin machtlos, hilflos, verwirrt, traurig.
- Es ist wohl das, was man Weltschmerz nennt. Mir fällt dazu das Lied »Mitten im Leben sind wir vom Tod umfangen« ein.
- Bei mir fängt die Beklommenheit schon am späten Vormittag an. Ich weiß nicht mehr, was ich mit mir anfangen soll, was ich tun soll, was ich beginnen soll. Hilflos, einsam, allein. Räume die Dinge von links nach rechts, ohne jedoch die gewünschte Ordnung zu bekommen. Kreise in Gedanken, unbewusst, sodass ich es gar nicht merke. Sonnenlicht ist mir schon zu viel, ich traue mich nicht mehr auf den Balkon, lasse die Rollläden etwas herunter. Ich fühle mich verwirrt. Wo ist vorne, wo hinten? Ich verzweifle, schalte den Fernseher ein und bedröhne mich damit. Ich schütte mich damit zu, ohne zu genießen oder zu registrieren, was kommt. Oder ich esse, hilflos, gelähmt, traurig, verwirrt. Ich schaffe es nicht, mich aufzuraffen, zu telefonieren oder raus an die frische Luft zu gehen.

Ein eigenartiger Zustand. Ist es nur niedriges Hüllengefühl oder Weltschmerz, Melancholie? Josef Zehentbauer
schreibt dazu: »Es ist die Stunde zwischen Tag und Nacht
mit ihrem verspäteten Sonnenlicht; es ist – mitten im be-
wegten Leben – der Tod, den man spürt; Lachen, das au-
genblicklich umkippen kann in Trauer; ständig spürt und
ahnt der melancholische Mensch die Grenzen des Seins.«

Die frühabendliche Beklommenheit zwingt uns, inne-
zuhalten und wirft uns auf uns selbst zurück. Die Ablen-
kungsmechanismen des Tages funktionieren plötzlich
nicht mehr.

Was tun? Was hilft? Dies sind die Strategien, die von
den Frauen im Fragebogen genannt wurden:

- Bett, Buch und fernsehen, schlafen. Mit der besten
  Freundin telefonieren.
- Jemanden anrufen, den Hund ausführen, die Natur be-
  wusst wahrnehmen.
- Jetzt brauche ich meinen Kaffee und etwas Süßes.
- Musik hören, mit meinem Mann plaudern.
- Beine hochlegen, Augen schließen, Musik hören, Kaf-
  fee trinken.
- Ablenken mit sinnvoller Tätigkeit. Alleine sein und Ge-
  danken ordnen.
- Vor allem der Rückzug in die eigenen vier Wände.

Aber man kann diesen Moment auch genießen:

- Ich genieße die blaue Stunde bei schöner Musik und einem guten Drink.

Ein bisschen Weltschmerz gibt uns Tiefe und das Bewusstsein, dass unsere Existenz begrenzt ist. Diesen Weltschmerz in ein Ritual einzubetten, erscheint mir eine gute
Art, mit ihm umzugehen: Musik hören, Kaffeepause ma-

chen, sich ausruhen und sich Zeit für ein Gespräch nehmen.

Ein regelmäßiger Tagesrhythmus hilft, das Hüllengefühl immer wieder vor dem Absacken aufzufangen. Regelmäßige Mahlzeiten, regelmäßige Bewegung an der frischen Luft, regelmäßige Ruhezeiten und Zeit für Muße schützen vor dem Auslaugen. Regelmäßigkeit und Rituale geben Halt und Geborgenheit. Auch Einschlafrituale sind nicht nur bei Kindern sehr beliebt: aufbauende Lektüre, Tagebuch schreiben, Tagesrückblicke, Nachtgebete, Fußbäder und Wärmflaschen bieten sich dafür an.

Lassen Sie aber jenen Teil Weltschmerz zu, den Sie einfach als Preis für Ihren seelischen Tiefgang bezahlen müssen:

Dunkel und Licht
Erde und Himmel
Leiden und Freude
Nacht und Tag
Tod und Leben
Trauriges Lächeln und lustiges Lachen
All dies – ist meine Sehnsucht
        Loriana Lamberti

Es ist diese unbestimmte Sehnsucht, die uns dann umtreibt. Eine Sehnsucht, die sich nicht auf etwas Greifbares richtet. Diese Sehnsucht lässt uns nach innen schauen und fragen: Wohin? Woher? Wozu? Und Antworten darauf finden wir nicht im Außen. Wir finden sie eher in Religion und Spiritualität.

IX Die Kunst der Selbstberuhigung

Scheuklappen für den hochaktiven Mandelkern

Eigentlich haben Menschen, die mit Scheuklappen durchs Leben gehen, keinen guten Ruf. Sie gelten als festgefahren in ihrer Meinung, als eingleisig, unflexibel und stur.

Haben Sie schon einmal Scheuklappen gesehen? Pferde tragen sie manchmal seitlich von den Augen als Sichtschutz. Pferde sind sehr sensible und schreckhafte Fluchttiere, die bei einem an und für sich harmlosen Sachverhalt in Panik geraten können und, wenn es schlimm kommt, durchgehen. Würde ein Raubtier sie anspringen, dann wäre dieses Verhalten lebensrettend. Dasselbe Verhalten angesichts eines aufgespannten Regenschirms oder eines im Wind wogenden Busches ist überzogen, aber eben instinktverankert. Durchgehende Pferde sind lebensgefährlich für jeden, der ihren Weg kreuzt. Unerwartete Reizüberflutungen machen (nicht nur Pferden) schwer zu schaffen. Der Instinkt sagt: »Hau ab, solange du es noch kannst.«

Scheuklappen bieten Pferden einen gewissen Schutz vor Reizüberflutung. Wenn Pferde bei Umzügen mitmachen müssen oder als Zugpferde vor Kutschen ihren Dienst tun, womöglich bei lauter Musik und unerwarteten Knallgeräuschen, kostet sie dies eine enorme Selbstbeherrschung. Man kann dann beobachten, wie sie schwitzen und Schaum vor dem Mund haben – und trotzdem nicht durchgehen.

Pferde lernen diese Selbstbeherrschung (»Schussfestig-keit«) in einem so genannten Scheutraining. Hier werden in geduldiger Kleinarbeit stressige Situationen konstru-iert, wie Bälle, die hinter Hecken hervorrollen, Luftbal-lons, die unvermittelt hinter einem Busch aufsteigen, oder Plastikplanen, die plötzlich über dem Pferd heftig ra-scheln. Die Situationen werden immer schwieriger, und das Pferd muss lernen, sich situationadäquat zu verhalten. So lernt das Pferd ganz allmählich darauf zu vertrauen, dass der Reiter den Überblick behält und er es mit dem Pferd gut meint. Es lernt außerdem, dass Motorenge-räusche – wenn man sich am Straßenrand aufhält – unge-fährlich sind. Und es lernt, sich selbst zu vertrauen: dass es in der Lage ist, die Situationen, die eigentlich »zum Scheuen« sind, durchzustehen und, dass es hinterher ein Leckerli gibt.

Auf der rein technischen Ebene können Hochsensible vom Pferdetraining einiges lernen! Unser hochreagibler Mandelkern im Gehirn ist wie ein wildes Pferd. Wir wer-den ihn nie ganz zähmen können, aber wir können ihn bis zu einem gewissen Grad auf Gelassenheit trainieren, ihn desensibilisieren. Wir können ihm »Scheuklappen und Zü-gel« anlegen, ihn beruhigen und besänftigen. Und wir kön-nen ihn durch eine klare »Befehlsstruktur« kurzzeitig an die Kandare nehmen.

Und manchmal können wir gar nichts tun, als den Scha-den zu begrenzen, wenn wir mal wieder einen kompletten Kontrollverlust erlebt haben.

Cool down!

»*Als wir vor zwei Jahren nach Teneriffa in den Urlaub geflogen sind, gab es über dem Mittelmeer heftige Turbulenzen. Der ganze Flieger wurde erst hochgeschleudert, dann wieder nach unten gedrückt. Dann wieder kippte er mal nach rechts und dann wieder nach links.*« Elsie macht heftige Bewegungen mit den Armen.

»*Werner und Kathrin blieben ganz ruhig, hielten sich fest und scherzten sogar noch. Ich selbst war in heller Panik. Mein Herz hat bis zum Hals geklopft, mein Puls gerast. Irgendwann habe ich angefangen zu hyperventilieren. Die Stewardess ist dann gekommen und hat versucht, mich zu beruhigen. Einige Passagiere fingen an, laut zu beten. Ich stimmte spontan mit ein. Da merkte ich, wie es mir ganz langsam besser ging. Ich spürte einen inneren Frieden. Allerdings wurde mir auch übel. Ich erbrach dann sogar in die Spucktüte. Das war mir äußerst peinlich. Werner hatte die Ruhe weg. Als Kathrin eingeschlafen war, fing er an zu lesen. Als die Turbulenzen dann schwächer wurden, dachte ich mir, so, jetzt versuchst du es auch mal mit lesen. Machen kannst du sowieso nichts. Wenn du dich hineinsteigerst, wird nur alles noch viel schlimmer. Und ich konnte sogar lesen und entspannte mich immer mehr.*«

Elsie hat die Erfahrung gemacht, dass die angespannte Aufmerksamkeit nicht in jeder Situation optimal ist. Auf jedes Geräusch zu hören, die Notfallanweisungen zu studieren und jedes Detail der beunruhigenden Situation wahrzunehmen bringt nur dann etwas, wenn ich die Wahl habe, standzuhalten oder zu flüchten. Elsie hatte nicht die Wahl: Sie war auf Gedeih und Verderb im Flugzeug eingesperrt. Und sie hatte eine Alarmreaktion. Da sie auch noch auf ihr klopfendes Herz und auf ihre beschleunigte Atmung achtete und weder kämpfen noch fliehen konnte, trieb sie immer weiter in die Hyperventilation hinein.

Hätte sie die zu schnelle Atmung nicht in den Griff bekommen, wäre sie irgendwann ohnmächtig geworden. Ohnmächtig sein – also keine Macht über eine beängstigende äußere Situation zu haben – führt bei ängstlichen und bei hochsensiblen Menschen schnell zu Kontrollverlust mit allen Konsequenzen.

Elsies Reaktion war ein Panikanfall. Dieser Panikanfall in Verbindung mit der Hyperventilation hätte Elsie fast im wahrsten Sinnes des Wortes »ohn-mächtig« gemacht. Elsie hat nun aber die wichtige Erfahrung gemacht, dass sie sich zwar nicht für flüchten oder standhalten entscheiden konnte, dass sie aber sehr wohl einen Entscheidungsspielraum hatte. Elsie hatte zwei Alternativen: sich in ihre Ohnmacht hineinzusteigern und dabei die Nerven zu verlieren und zu hyperventilieren oder aber, sich gut zuzureden und sich zu beruhigen.

Natürlich kann man den Mandelkern nicht mit dem bloßen Willen in jeder brenzligen Situation sofort beruhigen. Das genervte und panische Pferd schäumt und bäumt sich ja auch auf, aber was zählt, ist letztendlich nur, ob es durchgeht oder nicht. Auch bei den Pferden gibt es scheuere und kühnere. Manchen Rassen wird nachgesagt, sie seien sensibler. Dies – wen wundert's – sind die edlen Araber und andere Vollblüter. Die pferdlichen Prinzen und Prinzessinnen auf der Erbse!

Die Kaltblüter (starke Brauereigäule) und die Islandponys können viel schwerer aus der Ruhe gebracht werden. Aber wenn diese erst einmal in Panik geraten sind, dann sind sie auch viel schwerer wieder zu beruhigen.

Auch wenn wir keinerlei Kontrolle über eine bestimmte Situation haben, so sind wir doch immer für unsere eigene Reaktion verantwortlich. Ausflippen – oder uns beruhigen. Panisch werden – oder die Alternativen abwägen. Nachgeben – oder Widerstand bieten.

Nachglühen lassen

»Immer wenn Kathrin gerade so schön am Spielen ist, zum Beispiel mit ihren Legosteinen, und ich sie zum Mittagessen rufe, bekommt sie einen Tobsuchtsanfall und schlägt wütend das Haus oder den Turm, den sie gerade gebaut hat, kaputt. Sie kommt dann heulend zum Essen und ist irre wütend auf mich, sodass ich sie kaum noch beruhigen kann.

Lange habe ich diese Reaktion nicht verstanden, bis Werner eines Tages gekocht hatte. Ich hatte mich in der Zwischenzeit an den Schreibtisch gesetzt und versucht, ein Computerprogramm zum Laufen zu bringen. Diese Arbeit hatte mich so angestrengt und ich war so konzentriert, dass ich den Ruf ›Essen ist fertig!‹ als richtigen Übergriff empfunden habe. Ich bin sehr wütend geworden – und erinnerte mich sofort an Kathrins Reaktion.

Ich spürte nach, was genau mich so wütend gemacht hatte. Und da wurde mir klar: Es war der Druck, alles sofort liegen und stehen zu lassen. Hätte Werner gesagt: ›In zehn Minuten essen wir!‹, dann hätte ich mich darauf einstellen können. Ich muss mich auf eine Sache einstellen können, sonst erlebe ich einen Kontrollverlust.«

Elsie und alle anderen Hochsensiblen sind sehr gut konzentrationsfähig. Manchmal so, dass wir die Umgebung um uns herum völlig ausblenden. Denken Sie an Ludwig, den Bayernkönig, und sein »Nachglühen« im Theater. Wie ein Taucher, der sich in großen Tiefen aufhält, müssen wir langsam auftauchen. Beim Taucher ist zu schnelles Auftauchen lebensgefährlich, da die Lunge den raschen Druckveränderungen nicht standhält.

Sich auf etwas einstellen entspricht Elain Arons »Pause to check«, also der Denk- und Orientierungspause. Wenn man Arons Buch glauben darf, dann wird bei unseren robusteren Zeitgenossen an dieser Stelle ein »Handlungsimpuls« ausgelöst. Nicht aber bei uns Hochsensiblen, wir wollen erst mal überlegen, *wie* wir handeln sollen.

Hochsensible reagieren auf fliegenden Rollenwechsel meist sehr ungehalten, da sie die vorherige »Rolle« noch nicht abgeschlossen haben. Wir haben es gerne, wenn wir eine Sache abschließen können, bevor die nächste anfängt. Eines schön nach dem anderen, nicht alles gleichzeitig. Und nicht auch noch unter Zeitdruck.

Schnelle Rollenwechsel, also der übergangslose Wechsel von der Rolle als berufstätige Krankenschwester zu der als fantasievolle Köchin und danach als unternehmungslustige Mutter oder umgekehrt, sind schwierig. Besonders, wenn die jeweiligen Rollen schon für sich genommen reizüberflutend sind.

In meinem Fragebogen fragte ich die Frauen, wie sie mit übergangslosem Rollenwechsel umgehen. Die Antworten waren vielfältig:

● Pause machen! Nach dem Frühdienst schlafe ich erst einmal eine Runde. Früher habe ich mir das nicht zugestanden, und da war ich dann den ganzen Tag am Ausflippen.

● Ich brauche eine Weile, bis ich aus der alten Rolle rauskomme. Das geht am besten durch reden.

● Das fällt mir nicht schwer, da ich in fast jeder Rolle das Gefühl habe zu schauspielern. Ich bin weder die selbstbewusste Karrierefrau noch die fröhliche Freizeitfreundin, noch die Hausfrau, die alles im Griff hat. Das ist alles gespielt und noch nicht einmal gut.

● Auf schnellen Rollenwechsel reagiere ich hektisch und nervös. Ich möchte ruhig und gelassen reagieren können.

● Ich brauche eine Pause zum Abschalten. Musik hören hilft mir dabei.

- Drei Frauen beschrieben ganz detailliert, wie »motzig, zickig und hilflos panisch« sie solche Situationen machen.
- Ich hetze von der einen Rolle in die nächste und habe den Anspruch, alles richtig und besonders gut zu machen.
- Ich brauche eine Stunde für mich allein, um wieder zu mir zu kommen.
- Auf dem Heimweg stelle ich mich auf die neue Rolle ein und überlege, was mich erwarten könnte und was es zu erledigen gibt. Vor der Haustür wird dann eine Maske aufgesetzt.
- Bevor ich meinen lebhaften Sohn aus dem Kindergarten abhole, bleibe ich im Auto sitzen, rauche eine Zigarette und höre Opernarien. Diese Zeit ist die beste am Tag.

Sich Zeit zu nehmen, durchzuatmen, eine Pause als Übergangsritual einzulegen wären wohl die optimalen Lösungen. Übergangsrituale und Übergangsfristen sollen entspannen und Kraft für die nächste Rolle geben. Leider gibt es auch Rituale, die langfristig nicht so günstig sind, und zu denen in unserer Gesellschaft häufig Zuflucht genommen wird.

»Wer Sorgen hat, hat auch Likör«?

Die Frauen, die in meine Praxis kommen, sind alle essgestört – magersüchtig, bulimisch, adipös oder irgendetwas dazwischen. Ein großer Teil dieser Frauen ist hochsensibel. Die Essstörung – und hier besonders der Essanfall – ist unter anderem ein Lösungsversuch, um mit der Sensibilität zurechtzukommen. Durch das Essen kann man sich beruhigen und schnell Kraft tanken. Allein schon das

Kauen beruhigt und entspannt, was ja auch den Kaugummi so beliebt macht. Das Essen führt außerdem zu einer Art Scheuklappe, also einer mentalen »Gesichtsfeldeinschränkung« durch die Konzentration auf das angenehme Essen. Jedenfalls kurzzeitig.

Dass Essgestörte sich spätestens nach dem 15. Bissen selbst zerfleischen und sich heftige Selbstvorwürfe machen, was den ganzen Effekt dann wieder zunichte macht, ist ein anderes Kapitel. Trotzdem haben sie immer wieder einen Essanfall in Übergangssituationen, was sehr dafür spricht, dass sie ihn gerade dann brauchen. Könnten diese Frauen in Übergangssituationen einfach eine Kleinigkeit essen und sich dabei eine Pause gönnen, dann wäre dies ein prima Übergangsritual.

»Jetzt muss ich erst einmal eine rauchen«, sagen Raucher in derselben Situation. Rauchen beruhigt einerseits und regt andererseits auch an. Diese Kombination macht ruhig und souveräner, schon durch das mit dem Rauchen verbundene tiefe Ein- und Ausatmen.

»Und jetzt brauche ich einen Schnaps«, sagen viele Leute, wenn sie eines stärkeren Beruhigungsmittels bedürfen. »Wer Sorgen hat, hat auch Likör«, wusste schon Wilhelm Busch. Alkohol entspannt schnell und hebt die Stimmung. Wohlgemerkt – immer nur kurzfristig!

Noch beruhigender, weil betäubend, wirken Opiate, Heroin, Morphium, Codein, Methadon. Die innere und äußere Ruhigstellung erzielt man mit Valium und den totalen Black-out mit Schlafmitteln. Alle diese »Hilfsmittel« sind hochpotente Scheuklappen, da sie die Wahrnehmung negativer Außenreize eindämmen.

Eine Freundin sagte bei einem Stadtbummel vor einem hässlichen Mietshaus zu mir: »Wenn du hier wohnst, dann kannst du das nur im Suff ertragen!«

Tatsächlich führt Perspektivlosigkeit oft in den Alkoholismus. Drogen nehmen unangenehme Gefühle weg. Auch das gilt nur für kurzfristig und kurzzeitig. Alle Drogen machen auf lange Sicht Körper und Seele kaputt. Als Lösungsmittel scheiden sie für uns natürlich aus, weil sie Probleme nur vernebeln und außerdem noch größere Probleme schaffen.

Welche schnellen Beruhigungsmittel haben nun die von mir befragten Frauen schon selbst gefunden, wenn ihnen mal wieder »der Gaul durchgeht«?

Für einige Frauen, die meinen Fragebogen ausgefüllt haben, ist das Weinen eine meist nicht bewusst gewählte Methode, Dampf abzulassen. Auch Türen knallen, heulen, schreien und fluchen sind beliebte Ausdrucksformen. Jedenfalls, wenn man sich selbst als vollkommen ohnmächtig und ausgeliefert erlebt.

Wer sich und die Situation etwas besser im Griff hat, der machte Angaben wie:

● Laut singen!
● Ich zähle laut bis zehn und versuche ruhiger zu atmen. Auch Gespräche mit meinem Mann helfen.
● Ich ermahne mich, ruhig zu bleiben, sachlich nachzudenken und zu überlegen, was ich als nächstes mache.
● Rückzug, laute Selbstgespräche.
● Ich atme länger aus als ein und lenke mich ab. Ich gestatte es mir nicht, auszuflippen.
● Dann kommt bei mir ›Plan B‹ ins Spiel. Ich brauche Unterstützung durch Gespräche mit meinem Mann oder Freunden, um einen Schritt zurücktreten zu können und zu sehen, dass nicht alles kaputt ist.

Am besten gefällt mir die italienische Methode: das laute Singen. Ein italienischer Hähnchenverkäufer, der immer laut singt, sagte mir einmal: »Die Italiener singen nicht, weil es ihnen so gut geht. Sie singen, weil sie sich ablenken und beruhigen.«

Ich praktiziere diese Beruhigungsmethode immer im Auto. Sie zwingt mich, gleichmäßig zu atmen, mich auf den Text zu konzentrieren, mich von allen Situationen zu distanzieren. Und sie macht gute Laune.

Einsteins Brille – oder die guten Seiten sehen

Der Physiker Albert Einstein war einmal mit dem Auto unterwegs. An der Schweizer Grenze hielt man ihn an und bat ihn auszusteigen. Die Zöllner untersuchten sein Auto gründlichst. Einstein wartete.

Nach über einer Stunde gaben die Zöllner auf. Der ranghöhere Grenzbeamte diktierte seinem Untergebenen: Durchsuchung ohne Ergebnis.

»Das stimmt nicht ganz«, protestierte Einstein, »ich habe endlich meine Zweitbrille wieder. Die hatte ich schon seit einem Jahr vermisst!«

Diese kleine Geschichte lässt einen erahnen, wie sehr sich die Gedanken, die wir uns machen, auf unser Gefühlsleben auswirken. Sicherlich hatte sich Einstein in der Wartezeit auch überlegt, was denn die Zöllner wohl in seinem Auto zu finden hofften. Vielleicht hatte er sich sogar für die Unordnung in seinem Auto geschämt? Er hatte vielleicht auch innerlich den Zeitverlust beklagt, den ihm die Aktion eingebracht hatte. An seinem Ziel dürfte er nach Abschluss der Durchsuchung zu spät angekommen sein. Er hat aber all diese ängstlichen, panischen Gedanken nicht zu nahe an sich herankommen lassen. Jedenfalls ließ er sich von ihnen nicht überwältigen. Stattdessen gelang es ihm, sich zu freuen, dass seine Brille wieder zum Vorschein gekommen war. Wie schafft man das?

Eine solche Neubewertung der Situation erreichen wir, wenn wir unsere Prioritäten zunächst einmal anders setzen. Angenommen, Einstein musste in der Schweiz einen

Vortrag halten, so war seine Priorität sicherlich, möglichst rasch an sein Ziel zu kommen. Die Autodurchsuchung stellte einen erheblichen Kontrollverlust dar, der ihn von seiner Priorität abhielt. An dieser Stelle hatte er die Wahl: Er konnte ausflippen und wütend sein. Oder er konnte gelassen und freundlich reagieren.

Sicherlich hätte Einstein viele gute Gründe gefunden, weswegen er hätte wütend sein können. Und vielleicht war er auch wütend und die Wut war nach einer halben Stunde einfach verpufft und er war froh, dass die Fahrt überhaupt weiterging? Oder ermöglichte ihm sein Systematisierungsgehirn, das er sicherlich gehabt hat, das souveräne Verhalten? Egal. Wir können uns an ihm auf jeden Fall ein Beispiel nehmen.

Um so gelassen wie Einstein zu reagieren, brauchen wir innere Souveränität, ein dickes Fell und die Kunst, uns selbst zu beruhigen, so, wie uns als Kind die Mutter beruhigt und getröstet hat. Wohl dem, der als Kind eine einfühlsame Mutter hatte. Von deren Feinfühligkeit hängt es wohl hauptsächlich ab, ob ein Kind andere Kinder – und auch sich selbst – beruhigen kann.

An der Universität Augsburg wurde eine Studie durchgeführt, bei der zwei Psychologinnen 46 Mütter von zwei-, drei-, und fünfjährigen Töchtern in einer Längs- und Querschnittsanalyse untersucht haben. Die Mädchen sollten etwas spielen, das sie leicht überforderte (Puzzles, Türme bauen). Nun beobachteten die Psychologinnen die Interaktion von Müttern und Töchtern. Sie lenkten dabei besondere Aufmerksamkeit auf die Feinfühligkeit der Mütter. Unter Feinfühligkeit versteht man die Fähigkeit, Signale des Gegenübers aufzunehmen und auf sie optimal zu reagieren.

Außerdem wurde in einer weiteren Untersuchung erfasst, wie die kleinen Töchter mit dem Leid anderer Kinder umgingen, wieviel Mitgefühl und Hilfsbereitschaft sie zeigten. Konkret sah das so aus, dass dem »leidtragenden« Kind ein Luftballon platzte und die Reaktionen der anderen kleinen Mädchen beobachtet wurde. Die einfühlsamsten Mädchen schenkten der »Leidtragenden« sogar ihren eigenen Ballon und zeigten ein mitfühlendes Gesicht.

Die gesamte Studie ergab: Je feinfühliger sich die Mütter beim Puzzeln und Bauen gezeigt hatten, desto stärker zeigten auch die Töchter Mitgefühl und Empathie. Je geringer die mütterliche Feinfühligkeit war, umso mehr standen die Mädchen beim Anblick von fremdem Kummer unter Anspannung und Unbehagen. Das Leid der anderen machte sie hilflos.

Die weniger einfühlsamen Mädchen, denen die Situation unangenehm war, versuchten die »Leidtragende« zu ignorieren. Bei den Zweijährigen zeigten sich diese Reaktionen ebenfalls in den ein und drei Jahre später stattfindenden Nachfolgeuntersuchungen. Dann waren sie drei respektive fünf Jahre alt.

Die feinsinnigen Mütter werden die Sensibilität und Empathie natürlich ein Stück weit an ihre Töchter vererbt haben. Eine andere Untersuchung mit Jungen, die aus Elternhäusern kamen, in denen geprügelt wurde, zeigte, dass diese Jungen in Mitleid erregenden Situationen zunächst hilflos und angespannt und dann gewalttätig reagierten. Wut lässt Mitleid und Hilflosigkeit schrumpfen.

Wir scheinen bereits früh im Leben zu lernen, ob wir anderen – und auch uns selbst – verständnisvoll oder ablehnend begegnen. Aber die gute Nachricht ist: Für den guten Umgang mit uns selbst ist es nie zu spät!

X

Das macht Sensible glücklich

Über sich selbst hinauswachsen

»Ich ziehe mich gerne in mein Schneckenhaus zurück und habe dann vor allem Kontakt zu alten Freunden. Da werde ich akzeptiert mit allen meinen Marotten und kann eigentlich nichts falsch machen. Das ist ja auch ganz in Ordnung. Und doch … Manchmal überkommt mich so eine Art Fernweh. Dann sehne ich mich danach, mal aus meinem sicheren Kokon auszusteigen und einfach etwas ganz anderes zu machen. Einen Motorradführerschein zum Beispiel. Und dann von Feuerland nach Alaska brettern.« Elsies Augen blitzen. Meint sie das etwa ernst?

»Ich weiß, es klingt verrückt, aber ich habe große Lust, mal etwas Verrücktes zu tun. Etwas Unvernünftiges und Riskantes. Aber ich müsste es alleine tun. Ich merke einfach, dass ich – um Aufregung zu vermeiden und mich zu schonen – mein Leben zu eng gestalte und mich dann langweile.«

Wie Elsie geht es recht vielen Sensiblen. Das Refugium, das einem Halt, Sicherheit und Geborgenheit gibt, kann auch zum Gefängnis werden, das jede Weiterentwicklung verhindert. Wir haben die Reizüberflutung als Gefahr für Hochsensible kennen gelernt und Vermeidungsstrategien entwickelt. Und dann ziehen wir uns zurück und versauern in der Isolation.

»Wenn die Wellen beim Kontrollverlust über uns zusammenschlagen, ziehen wir uns zurück. Warum sehnen wir

uns dann nach Aufregung? Ist das nicht widersprüchlich«
Elsie scheint irgendwie perplex.

Wir werden sehen, dass es alles andere als widersprüchlich ist. Hochsensible sind keine Weicheier und sie sind auch nicht aus Zucker. Das hat schon Kaiserin Sisi bewiesen: Als sie um die 50 war, wurden ihre Menschenangst und ihre Melancholie stärker. Sie hielt es in Wien nicht mehr aus und reiste am liebsten ans Mittelmeer, nach Griechenland. Natürlich geziemte es sich nicht, dass eine Kaiserin alleine fuhr. Sie hatte daher einen Tross von Hofdamen und Sicherheitspersonal bei sich.

Weil eine Hofdame sich brieflich über die »Eskapaden ihrer Majestät« beklagte, wissen wir, dass Elisabeth Dinge machte, »dass einem Menschen nicht nur das Herz, sondern auch der Verstand stehen bleibt. Gestern früh war schlechtes Wetter, trotzdem fuhr sie mit dem Segler hinaus. Um 9 Uhr begann es schon zu gießen und bis 3 Uhr nachmittags dauerte der furchtbare von Donner begleitete Guß. Während der ganzen Zeit segelte sie um uns herum, saß an Deck, hielt den Regenschirm über sich und war ganz naß.« Und »Ihre Majestät ging aus Wien weg, weil sie die Kälte nicht verträgt, und gerade die schlechtesten sechs Wochen verbringen wir an den kältesten Stellen.«

Die Hofdamen verstanden die Welt nicht mehr. Und was sagte Elisabeth dazu? Auch das ist überliefert: »Mir ist so ein Wetter am liebsten. Denn es ist nicht für die anderen Menschen. Ich darf es ganz allein genießen. Es ist eigentlich nur für mich da, wie die Theaterstücke, die sich der arme König Ludwig allein vorspielen ließ. Nur ist es hier draußen noch großartiger. Es könnte eigentlich noch tolleren Sturm geben, dann fühlt man sich so nah allen Dingen, wie in Conversation.«

Nun verstehen wir, warum der Rückzug in den Kokon und das Suchen von Abenteuern keine Widersprüche sind. Hätte jemand von Kaiserin Sisi verlangt, dass sie sich Wind und Wetter aussetzt, dann hätte sie tausend Einwände gehabt. Sie wäre fremdbestimmt und damit reizüberflutet und überspannt gewesen. Wenn wir hingegen selbst – aus eigenem Antrieb – das Abenteuer suchen, dann ist es etwas ganz anderes. Ein Hochsensibler kann nur dann über sich selbst hinauswachsen, wenn er nicht gedrängt und geschubst wird. Er braucht Freiheit und Selbstbestimmung dazu.

»Ah, jetzt verstehe ich auch, warum ich so oft zu Werners Vorschlägen erst mal nein sage und hinterher einen eigenen – oft ganz ähnlichen – Vorschlag mache. Ich fühle mich von Werners Vorschlägen schnell überrollt. Dann haue ich das Nein als Bremse rein. Und in der Sicherheit dieses Neins kann ich dann in Ruhe überlegen, was ich eigentlich wirklich will!«

Bingo, Elsie!

Selbstständig denken und entscheiden

Sie möchten einen Kurs mitmachen. Zu Beginn der ersten Stunde teilt der Kursleiter Formulare aus, auf denen steht »Bitte mit Kugelschreiber ausfüllen«. Während bereits alle um Sie herum fleißig schreiben, suchen Sie noch nach einem Kuli.

Verflixt, wo ist er denn?

Sie fragen den Nachbarn, ob er ihnen einen ausleiht. »Ist doch egal, mit was du schreibst«, antwortet der Nachbar, schiebt Ihnen aber einen Kuli herüber.

Sie sehen sich um. Und tatsächlich – manche schreiben mit Filzschreiber, manche mit Füller. Einige sogar mit einem Fineliner.

»Mach nicht so'n Geschiss«, zischt Ihnen der Hintermann ins Genick. Eine solche Bemerkung trifft Sie bis ins

Mark. Bin ich zu zickig? Einen Filzschreiber hätte ich auch selbst dabeigehabt, grübeln Sie bang.

Dann sehen Sie sich das Formular genauer an. Sie bemerken, dass es drei Durchschläge enthält. Der Kugelschreiber soll natürlich dafür sorgen, dass die Schrift bis aufs unterste Blatt durchdrückt. Sie schreiben nun endgültig – und in dem Gefühl, Recht zu haben – mit Kuli.

Ihre kleine Genugtuung: Alle anderen müssen hinterher alle Durchschläge einzeln ausfüllen.

Zu seiner Differenziertheit zu stehen, wenn alle anderen so »unkompliziert« sind, ist eine herbe Herausforderung für jeden Sensiblen. Wer zehn Möglichkeiten kennt, ist eben nicht so sicher wie der, der nur eine einzige kennt. So sollten wir die Genugtuungen sammeln, wenn unsere Wahrnehmung mal wieder die richtige war.

Es gibt aber noch einen viel wichtigeren Gesichtspunkt in dieser kleinen Geschichte: Es ist der innere Dialog. Zuerst war da nur die Aufforderung »Bitte mit Kugelschreiber ausfüllen«. Manche aus Ihrem Kurs dürften dies gar nicht gelesen haben. Andere haben es einfach ignoriert. Sie aber überlegten: »Einen Filzschreiber habe ich selbst auch dabei. Soll ich nun mit ihm schreiben oder nicht?« Und dann fragten Sie sich: »Gibt es einen bestimmten Grund, warum wir mit Kugelschreiber schreiben sollen?« Auf der Suche nach diesem Grund schauten Sie sich das Formular genauer an. Und nun sahen Sie den Grund und trafen eine Entscheidung. Gleichzeitig mussten Sie den Kommentar Ihres wenig sensiblen Hintermannes aushalten. Kompliment, das haben Sie souverän gemeistert!

Wer gerne selbstständig denkt und sich seine eigene – unbestechliche – Meinung bildet, der entscheidet und handelt auch gerne selbstständig und selbstbestimmt. Als ich meine 17 Frauen fragte, was sie an ihrem jetzigen Job mit ihrer Sensibilität am wenigsten vereinbaren können, gab es deutliche Antworten: Lehrerinnen verabscheuten den Lärmpegel und die nervliche Belastung in der Schule. Krankenschwestern und Altenpflegerinnen fanden Nachtdienste, Schichtdienste und mangelnde Abgrenzung von den Problemen der Patienten sehr belastend. Alle fanden Fremdbestimmung, mangelnde Entscheidungsbefugnisse und die Gleichzeitigkeit der Anforderungen kräftezehrend.

Dies bestätigt auch eine Studie aus der Schweiz, in der 6100 Schweizer nach ihrer Lebenszufriedenheit befragt wurden. In der Schweiz gibt es Kantone, zum Beispiel Basel-Land, in denen die Regierung bei größeren Ausgaben grundsätzlich die Bürger befragen muss. Auch reichen dort bereits wenige Unterschriften, um im Parlament Themen auf die Tagesordnung zu bringen. Die Bürger dort sind politisch recht aktiv, da sie konkret etwas bewirken können. Die Lebenszufriedenheit ist in Schweizer Kantonen, in denen nicht nur »die da oben« bestimmen, wesentlich höher als in anderen Kantonen. Dieser Effekt ist so bedeutsam, dass ein Umzug von Genf nach Basel-Land statistisch gesehen für das Wohlbefinden mehr bringt als eine größere Gehaltserhöhung, schreibt Glücksforscher Stefan Klein.

Eigene Entscheidungen treffen und gehört werden gehört zu den Idealbedingungen, unter denen Hochsensible gut gedeihen. »Self-efficacy« nennen das die Psychologen. Es wird meist etwas holprig als »Selbstwirksamkeit« übersetzt. Etwas bewirken können, das macht jeden glücklich, weil es die Ohnmacht vertreibt.

Tauchbad im eigenen Saft

Immer wenn sie sagt, dass sie Romane schreibt, nehmen ihre Gesprächspartner an, ihr Leben bestehe aus Fernsehauftritten, Friseurterminen, hingebungsvollen Fans und anderen Bestandteilen der öffentlichen Glitzerwelt, schrieb die irische Autorin Marian Keyes. In Wirklichkeit sieht ihr Dasein aber vollkommen anders aus:

»Ich schreibe allein, im Schlafanzug, in einem abgedunkelten Schlafzimmer, esse Bananen, mein Laptop auf einem Kissen vor mir. Ab und an – meist fällt der Termin mit einer Buchpräsentation zusammen – zerrt man mich blinzelnd ans Tageslicht, und wenn ich dann mit den Menschen sprechen will, stelle ich fest, dass es nicht geht, weil ich inzwischen völlig desozialisiert bin.«

Nicht jeder kann das: monatelang mit sich alleine sein, sich seinen eigenen Gedanken widmen, ohne Trost und Ermutigung von Kollegen oder das Korrektiv von Vorgesetzten.

»Meistens fange ich gegen acht mit der Arbeit an – und zwar mit einer guten Prise Horror. Heute denke ich, ist der Tag, an dem mir nichts mehr einfällt, an dem die Inspiration ihre Koffer packt und weiterzieht.« Selbstzweifel, Schreibzweifel, Schreibhemmungen und Selbstzerfleischungen sind keinem Autor fremd. Während man im stillen Kämmerchen schreibt, malt oder komponiert, geht draußen das Leben weiter. Manchmal geht es sogar an einem vorbei.

»Thomas Manns Leben war von Erlebnisverzicht geprägt, der … Voraussetzung war für seine Schriftsteller-Existenz. Er war Zaungast, kein aktiver Mitspieler, seine Sache war die Innerlichkeit, nicht das Leben in Saus und Braus. Von Anfang an hatte er sich menschliche Kälte verordnet, weil er in ihr die Bedingung oder zumindest die notwendige Begleiterscheinung seiner schriftstellerischen Existenz sah.« Schreiben, malen, komponieren ist harte Arbeit, die von der Gesellschaft – außer in Ausnahmefällen – kaum gewürdigt und meist schlecht bezahlt wird. Immer wieder fragt man sich: Warum tue ich mir das an? Und die Antwort ist immer wieder: Weil es einen von innen heraus dazu drängt. Es ist eine Berufung. In jeder Berufung steckt ein Ruf. Und genau diesen hören Hochsensible auch, weil sie – wie auf allen Gebieten – eben auch hier gut hinhören können.

Die meisten Künstler sind hochsensibel. Sie schaffen es, die Einsamkeit auszuhalten und ihr reiches Fantasieleben an die Oberfläche zu holen. Hört sich einfach an, und das ist es auch, solange die Ideen fließen. Das abgedunkelte Schlafzimmer bei Marian Keyes oder das hermetisch abgeriegelte und mit Zugangsverbot belegte Arbeitszimmer bei Thomas Mann und vielen anderen Schriftstellern dient als »sensorische Deprivationskammer«. Diese Kammern waren besonders in den Siebzigerjahren in den USA beliebt, da sie die Außenreize abschirmten und es dem Insassen ermöglichten, sich ganz auf seine eigenen Gedanken und Ideen zu konzentrieren – immer in der Hoffnung auf einen Musenkuss und eine Jahrhundertidee.

Da wir Sensiblen ein reiches Innenleben haben, fällt es uns grundsätzlich nicht schwer, neue Ideen zu produzieren. Wir haben alle Voraussetzungen zum schöpferischen Denken:

● die Fähigkeit, eine Vielzahl an Möglichkeiten abzuklopfen
● die erforderliche hohe Konzentrationsfähigkeit
● die hohen Ansprüche, die wir an unsere Arbeit stellen
● die Fähigkeit, alleine zu sein und zu grübeln, ohne dass gleich eine Belohnung winken muss
● die Begabung, Dinge anders zu sehen als andere
● den Mut, andere Schlüsse zu ziehen als andere.

Mit diesen Fähigkeiten sind Hochsensible eigentlich die geborenen Kreativen, Erfinder, Tüftler, Genies.

Brüten und tüfteln

Schon als Kind war Sophie still, verträumt und verhuscht. Sie wuchs in einem Vorort von Stockholm auf, spielte Fußball, trat für einen Verein als Läuferin bei Wettkämpfen an und schrieb Gedichte. Sie hatte sonst zu nichts Lust. Die Schule war ihr egal und sie war nicht karriereorientiert.

Nach der Schule jobbte sie mal als Verkäuferin, mal als Kellnerin. Jeden Tag zur Arbeit zu gehen war ihr verhasst, denn es fühlte sich so »leer« an. Irgendwann platzte Sophies Mutter der Kragen. Sie setzte ihre Tochter unter Druck, endlich etwas Richtiges zu lernen. Sophie willigte ein, unter einer Voraussetzung: Sie wollte sich vorher noch einen Traum erfüllen und einige Lieder, die sie selbst komponiert und gesungen hatte, an Plattenfirmen schicken.

Diese Lieder handelten von traurigen Liebesgeschichten, vom Verlassen und vom Verlassenwerden. Ihr damaliger Freund spottete, dass Sophies Lieder so langweilig seien, dass sie sie niemandem zumuten dürfe. Er hielt sie für übergeschnappt. Sehr sensibel scheint dieser Knabe nicht gewesen zu sein.

Und so dachte Sophie an einen Scherz, als die Plattenfirma Sony anrief und mit ihr eine Platte im Studio machen wollte. Die Sängerin heißt Sophie Zelmani und gilt heute als Geheimtipp. »Sie singt mit so behutsamer Stimme, wie sie auch spricht, sehr sensible, melancholische Lieder an der Schwelle zur Stille«, schreibt der Spiegel über sie.

Ihre Platten verkauften sich sehr gut. Zu gut. Nun packte der Krakenarm des Showbusiness die junge Sängerin. Sophie hetzte ein Jahr lang von Termin zu Termin um die ganze Welt.

»In meinem ganzen Leben hatte ich noch nie so viel geredet. Es war bizarr. Ich wurde immer kränker und habe am Ende nur noch hinter verbarrikadierter Tür zu Hause gehockt. Ich habe nie gelernt, die Großstadt zu genießen«, sagte sie in einem Interview. Sophie war vollkommen reizüberflutet, denn zwischen dem Komponieren von Songs im stillen Kämmerchen und den Bühnenauftritten liegen Welten.

Heute lebt Sophie mit Mann und kleiner Tochter auf einer einsamen schwedischen Insel und hofft darauf, dass ihr Erfolg nicht wieder im Albtraum der Fotosessions, Interviews und Auftritte in der Glitzerwelt endet. Sie hofft: »Wenn meine Lieder reisen, dann darf ich zu Hause bleiben.«

An Sophie Zelmani sehen wir deutlich, was Hochsensiblen Kummer macht, wenn sie zündende Ideen haben: Es ist das Klappern, das zum Handwerk gehört, sich zeigen, im Mittelpunkt stehen, abends im fremden Bett schlafen, eine freundliche Fassade aufsetzen müssen, auch wenn man davonlaufen könnte. Angeben, auftrumpfen, Listen anwenden, konkurrieren, Macht ausüben, andere ausspielen, das hassen wir Sensiblen.

Und so schrieb Gerhard Uhlenbusch, ein Satiriker, ganz treffend: »Wer zart besaitet ist, wird nie die erste Geige spielen.« Ich würde sagen, es ist eine Frage des Orchesters.

Glorreiche Ideen –
oder Beziehungen, Biss, Begeisterung

Diese kleine Geschichte spielt in den Fünfzigerjahren in den USA.

In einer Küche öffnet eine Frau Konservendosen und füllt sie in einen Dampfkochtopf. Ihr Sohn ist Pfadfinder, möchte einen tollen Film mit seiner neuen Super-8-Kamera drehen. Mutter und Sohn hoffen, dass er damit den ersten Preis gewinnt. Es soll ein Horrorfilm sein und dafür braucht er blutroten Schleim. So war die Mutter in den Supermarkt gefahren, hatte 30 Dosen Kirschen gekauft und kocht nun eine gallertartige Masse.

Überhaupt ist diese Mutter recht patent. Sie schneidert mit dem Sohn Filmkostüme, verhängt mit ihm das Wohnzimmer, damit die Szenen in den Horrorfilm passen. Sie fährt mit ihm zum Außendreh in die Wüste. Und sie spielt sogar im Film mit.

Übrigens – der Sohn heißt Steven Spielberg. Ob er damals auch den ersten Preis gewonnen hat, wissen wir nicht. Später hat er jedenfalls viele Preise gewonnen.

Eine solche Spielberg-Mutter bräuchte jedes kreative Kind! Und ein hochsensibles ganz besonders, da es bei Hindernissen leicht aufgibt. Manche von mir befragte Frau musste ihr Elternhaus erst verlassen, damit sie sich entwickeln und entfalten konnte. Die Hobbydichterin Ursula Mayer hat es so zusammengefasst:

Dein ganzes Leben heißt es nur:
Das darfst du nicht!
Das kannst du nicht!
Das brauchst du nicht!
Das wirst du doch nicht tun!
Zwänge, Traditionen, Alltagstrott.
Pass auf, dass du auch lebst,
wie schnell bist du tot.

Mancher kreative und sensible Mensch hat erst im hohen Alter einen Menschen gefunden, der seine »Spinnereien« rückhaltlos unterstützte. »Kreativität«, so hat Anita Roddick, die Erfinderin des Body Shops, einmal gesagt, »Kreativität ist der Mut, Regeln zu brechen und seinen Anarchismus liebevoll zu pflegen.«

Regeln zu brechen erfordert Mut. Wer es jedem recht machen will, hat diesen Mut – noch – nicht. Also muss ein gewisses Maß an Wurstigkeit und freiem Denken, an Biss eben, entwickelt werden. Wenn wir noch zu viel Angst haben, dann sollten wir uns fragen: Was würde ich tun, wenn ich überhaupt keine Angst hätte?

»Wenn ich keine Angst hätte? Also, ich muss Ihnen mal etwas sagen. Ich habe da so eine Idee, wie man eine spezielle Schiene für Armverletzte entwickeln könnte. Die herkömmlichen Schienen stützen zwar den Arm, schränken aber die Handbeweglichkeit stark ein. Ich habe schon einige Male den Patienten eine anders geformte Schiene aus Pappkarton ausgeschnitten.« Elsie zeigt mir an ihrem Arm, wie die Schiene geformt ist.

»Diese Schiene ziehen sie an, wenn sie zu mir kommen und mit mir arbeiten. Die meisten Patienten finden meine Schiene besser, weil die Finger trainiert werden. Aber da sollten Sie mal meine Kollegin hören. Sie macht mir die Hölle heiß, weil sie meint, dass ich den Arm schädige, wenn die Finger sich zu früh bewegen. Ich weiß, dass meine Schiene gut ist.« Trotzig wirft Elsie ihren Kopf zurück und ihre baby-blauen Augen blitzen.

»Wenn ich nun keine Angst hätte, dann würde ich selbstbewusst zum Klinikchef gehen und meine Schiene propagieren. Ich habe aber Angst, dass er mich wegschickt und auslacht. Werner meint, man könnte diese Schiene patentieren lassen und dann im Orthopädiefachgeschäft vertreiben oder das Patent einer Firma verkaufen«, Elsies Energie flacht abrupt ab und ihr Blick sinkt auf den Boden.

»Aber ich weiß nicht. Ich habe Angst, ausgelacht zu werden. Wenn ich nun keine Angst hätte, dann würde ich meine Idee mutig vertreten, nehme ich an.« Elsie ist gespalten zwischen Begeisterung und der Angst, in den Vordergrund zu treten. Gesehen werden und sich Kritik aussetzen, das ist ihr Albtraum.

Fast alle sensiblen Frauen, die ich kenne, haben irgendwo ein ungelegtes geistiges Ei. Es sind Buchideen, Geschäftsideen, Visionen, wie man Dinge verbessern könnte. Aber die Angst, die glorreiche Idee nach außen zu vertreten und dann verspottet zu werden, ist zu groß.

Für den Psychologen Michael Ray von der Universität Stanford in Kalifornien hat das Verlachtwerden einer guten Idee eine Art Signalwert.

»Sie können sicher sein, dass Sie einen guten Einfall gehabt haben, wenn die Leute über Ihre Idee herfallen. Wenn Sie den Gedanken ein bisschen weiterentwickeln, sagen diese Leute, so neu sei er gar nicht. Und wenn Sie ihn noch weiter verfolgen, sagen sie zum Schluß, er sei ihr Einfall gewesen.« Die Angst aushalten und trotzdem in kleinen trotzigen Schritten nach vorne weitergehen – das sollte Elsie tun und sie würde sich sehr rasch weiterentwickeln. Wie viele ängstliche Menschen glaubt Elsie, dass erst einmal die Angst weggehen müsste, bevor sie handeln kann. Umgekehrt wird ein Schuh daraus: Erst müssen wir handeln und die Angst aushalten.

Was aber heißt handeln? Elsie könnte sich zum Beispiel noch mehr Fachwissen über die Anatomie von Hand und Arm aneignen. Sie könnte mit der Schiene experimentieren und sie immer besser den jeweiligen Anforderungen anpassen. In dieser Zeit wachsen ihr Wissen und ihr Selbstbewusstsein. Irgendwann hätte sie dann auch sicherlich den Mut, über ihren Schatten zu springen und mit dem Klinikchef zu sprechen. Selbst wenn dieser sie auslachen sollte, hätte sie die Erfahrung gemacht, dass sie es überhaupt geschafft hat, an die Öffentlichkeit zu gehen. Elsie könnte in einem Fachblatt für Ergotherapie einen Artikel über ihre Schiene schreiben. Und wenn gar nichts hilft, könnte sie frech behaupten: »Leute, das ist die neueste Werner-Schiene. Spezialpatent aus Amerika!« Und die Ahs und Ohs wären ihr sicher. Oder auch nicht. Sie würde sich auf jeden Fall weiterbewegen. Und jede Weiterbewegung ergibt wieder neue Aspekte und Ideen.

Je mehr Kraft und Energie wir in unsere eigene glorreiche Idee einfließen lassen, desto mehr Mut entwickeln wir. Dieser Mut kommt aus der Begeisterung, die uns ergreift, wenn wir uns in die Details vertiefen, und wenn wohlmeinende Menschen uns unterstützen. Das einzig wirklich Schlimme, was Elsie passieren könnte, wäre, dass jemand ihre Idee klaut.

Immer wieder die Balance finden

Höhenflüge sind eine erregende Sache
Sie ermöglichen den Blick
Zu fernen Horizonten.
Aber wer nicht schwindelfrei ist,
sollte lieber auf vertrautem Terrain verharren.
Mit den Füßen auf dem Boden bleiben!

Ursula Mayer

Neben dem Höhenflug und der lebenslangen Bodenhaftung gibt es eine bessere Möglichkeit, gleichzeitig festen Halt und einen Blick auf ferne Horizonte zu bekommen: das Klettern. Amerikanische Firmen schicken ihre Manager zu Kletterwochenenden. Dort sollen sie Ängste überwinden, an ihre Grenzen gehen, Risiken kalkulieren und auch mal etwas Gewagtes tun. Nach dem Motto: Den Gipfel erreichst du nicht, wenn du stets einen Fuß auf dem Boden behältst.

Stellen Sie sich vor, Sie selbst hängen in einer Kletterwand. Als Sensibler klettern Sie naturgemäß vorsichtig. Das heißt, Sie stellen erst sicher, dass Sie einen festen Tritt oder Griff haben, bevor Ihre Hände oder Füße den nächsten Halt suchen.

Stellen Sie sich vor, Sie müssen immer wieder sichern und dann den nächsten Schritt riskieren. Dann den Schritt sichern, dann wieder den nächsten Schritt vorfühlen, probieren, ob er hält, und dann vertrauen und sich weiterhangeln. Also nach vorne gehen und dann wieder konsolidieren, die Balance finden und wieder aufgeben. Nicht *entweder* Risiko *oder* Bodenhaftung, sondern *beides* – jedes zu seiner Zeit.

Die Kunst, immer wieder die Balance zu finden und sie dann zu Gunsten eines kleinen Risikos aufzugeben, ist die Lernaufgabe vieler Hochsensibler. Zu viel von außen hereinzulassen führt zu Überspannung und Kontrollverlust. Zu wenig Neues hereinzulassen führt zu Stagnation und Rückschritt. Und so wie Risiko und Sicherheit nicht nur Gegensätze, sondern vor allem Ergänzungshälften sind, so sind auch Rückzug und Selbstüberwindung Ergänzungshälften. Für ein ausgefülltes Leben müssen wir lernen, hier täglich neu die Balance zu finden zwischen Abgrenzung und Präsentation, zwischen ausruhen und powern, zwischen aushalten und sich wehren.

Manch Hochsensibler leidet an der bösen Welt, dem geldgierigen Chef, den unverschämten Kollegen und kämpft dagegen. *Gegen* Dinge zu kämpfen kostet viel Kraft und verschleißt. Besser ist es, *für* etwas zu kämpfen. Das kostet auch Kraft, macht aber stark und erzeugt Begeisterung und Solidarität mit Gleichgesinnten.

»Wofür soll man denn als Sensibler kämpfen? Man hat ja gar nicht die Ellbogen und die Traute. Man reibt sich nur auf und hinterher verliert man sowieso«, ist Elsies trübe Einschätzung.

Was sie schildert, ist ein typischer Kampf *dagegen* mit den Ellbogen. Aber *wofür* kämpft Elsie denn jeden Tag? Sie kämpft in ihrem eigenen kleinen Rahmen um bessere Bedingungen an ihrem Arbeitsplatz, indem sie ihre Patienten als Menschen und nicht als Diagnosen behandelt.

Sie kämpft für nachhaltige Wirtschaft, indem sie langlebige Produkte einkauft. Diese sind zwar in der Anschaffung teurer als Wegwerfartikel, aber sie halten länger und können oft auch repariert werden.

»Stimmt, jetzt, wo Sie das sagen, fällt mir ein, dass ich ja durchaus kämpfe. Für eine bessere Welt sozusagen. Indem ich Kathrin beschäftige und nur für ganz wenige Sendungen vor dem Fernseher ›parke‹. Ich kaufe Kleidung aus natürlichen Materialien, koche ohne chemische Zusätze und Markenkleidung lehne ich ab. Nicht, weil ich sie nicht schön fände, sondern weil ich weiß, wie und wo sie in Billigländern produziert werden. Rohstoffe und Arbeitskräfte werden dort ausgebeutet. Ich finde, wir alle sind für das Wohlergehen unseres Planeten verantwortlich und für die Welt, die wir unseren Kindern hinterlassen.«

Elsies Augen leuchten wieder. Durch ihr gutes Einfühlungsvermögen fühlt sie sich mit allen Menschen verbunden und kann gar nicht anders, als human zu reagieren. Hochsensiblen muss man den Grundsatz aller Weltreligionen »Was du nicht willst, das man dir tu', das füg auch keinem andern zu« nicht predigen. Sensible verhalten sich von vornherein so und leiden, wenn sie jemandem wehtun müssen. Die Hochsensiblen, die ich kenne, sind auch alle »kulturell kreativ«.

Nach oben wachsen, nicht nach unten!

Der amerikanische Soziologe Paul H. Ray will sie entdeckt haben: die »kulturell Kreativen«. Neben den Traditionalisten, die »Law and Order« als den höchsten Wert ansehen, und den Modernen, deren vorrangige Werte »größer, besser, schneller« lauten, fand er diese dritte Wertegruppe in der amerikanischen Bevölkerung, die sich durch Authentizität, also Echtheit auszeichnet.

Diese Gruppe – die übrigens zu 60 Prozent aus Frauen besteht – glaubt, dass das lineare, analytische Denken unsere komplexe Welt nicht erfasst und dass Intuition genauso wichtig ist wie Rationalität. Diese Menschen sind altruistisch, nehmen sich aber auch die Freiheit, sich selbst zu verwirklichen. Sie sind gebildeter als der Durchschnittsamerikaner, lesen viel und setzen sich für nachhaltige Wirtschaft ein. Sie ziehen Qualität der Quantität vor, sind für Umweltschutz, alternative Medizin, Gleichberechtigung von Mann und Frau, Schwarz und Weiß und fühlen sich verantwortlich für das Wohlergehen unseres gesamten Planeten. Sie setzen sich mit gesunder Ernährung und alternativen Energien auseinander. Sie lehnen äußere Statussymbole ab und verbringen ihren Urlaub eher zurückgezogen an exotischen Urlaubsorten als in Touristenhochburgen. Sie haben »grüne« Werte.

Ray nennt diese Gruppe, die er zufällig bei seinen Recherchen entdeckte, kulturell kreativ, da sie sich aktiv und passiv viel mit Kultur auseinander setzt. Viele Wissenschaftler, Autoren, Künstler, Angehörige der medizinischen Berufe, Publizisten und Psychotherapeuten zählen dazu. Ihr Motto ist: Handle nach deinen Überzeugungen.

»*Ha*,« meint Elsie, als ich ihr davon erzähle, *»zu denen gehöre ich auch. Vielleicht hat es ja einen tieferen oder höheren Sinn, dass ich hochsensibel bin?«*

Der Soziologe Ray bezeichnet die kulturell Kreativen als die Vorhut des sozialen Wandels. Da sie inzwischen auch ein Marktfaktor geworden sind, sind sie für die Industrie interessant geworden. Bioläden, Biobauernhöfe, Hersteller von Kleidung und Kosmetik aus Naturmaterialien, Heilpraktiker und viele andere leben von kulturell kreativer und hochsensibler Kundschaft. Viele Sensible sind in ihrem Denken ihrer Zeit voraus. Alles was »hervorragt«, ist vielen Anfeindungen ausgesetzt, weil es nicht ins Schema der Normalität passt.

Der anthroposophische Heilpädagoge Henning Köhler sagt: Wo der Genius wirkt, ist nicht Normalität. »Studiert man die Biographien von Menschen mit einer Berufung, so sieht man, dass sie sich schon im Kindesalter weigerten, ›nach unten zu wachsen‹ … Oft äußert sich der kindliche Genius in Ängsten, Obsessionen und Empfindlichkeiten, die mit vordergründiger Logik nicht zu erklären sind und erst im Lichte des späteren Lebensverlaufes begreiflich werden.«

So hatte der Geiger Yehudi Menuhin mit vier Jahren eine blecherne Fidel bekommen, die er nach dem Auspacken sofort weinend wegwarf. Sein riesengroßes, noch schlummerndes Talent sah in diesem Schrott schon als Kind eine Beleidigung.

Albert Schweitzer gefiel als Kind die Weihnachtsgeschichte sehr gut. Nur die Sache mit den Heiligen Drei Königen gefiel ihm gar nicht. Warum hatten sich diese – wo sie doch so reich waren – nicht bereits vorher um die arme Familie des Jesuskindes gekümmert? Später ging Schweitzer als Arzt nach Afrika und kümmerte sich um die Ärmsten.

Diese Zusammenhänge gelten nicht nur für Berühmte und Prominente. Sie gelten für alle Menschen, die aus dem Herkömmlichen herausragen. Wir müssen nach oben wachsen, nicht nach unten.

»Dann heißt das für mich, dass ich mich um meine Schiene kümmern soll. Ja, der Gedanke gibt mir ein gutes Gefühl, auch wenn er mir noch Angst macht. Ich möchte mich auch mit anderen Ergotherapeutinnen zusammentun, die ebenfalls sensibel sind, und mit ihnen meine Beobachtungen und Erfahrungen austauschen. Bestimmt gibt es Kolleginnen, die ähnlich wie ich fühlen und denken.« Elsie lächelt mich offen an. *»Ja, das stimmt für mich. Und mit meiner Klinik bin ich schließlich nicht verheiratet. Es gibt auch Kliniken und Praxen mit alternativer Medizin. Die*

brauchen so eine wie mich!« Glücklich schaut mich Elsie an. Wir umarmen uns. Jede hat eine Träne im Auge.

Wenn auch Sie Ihr Augenmerk auf die großen Ziele lenken, dann ist es nicht mehr so tragisch, wenn Sie mal wieder »hysterisch« oder »allergisch« reagieren, weil in Ihrer Küche verstreuter Zucker unter Ihren Sohlen knirscht. Sie sind eben hochsensibel. Gott sei Dank!

Literatur

Ackerman, Diane: Die schöne Welt der Sinne, Hamburg 2002

Andersen, Hans Christian: Märchen, Würzburg, 1998

D'Adamo, Peter: Vier Blutgruppen – vier Strategien für ein gesundes Leben, München 2003

Aron, Elaine: The Highly Sensitive Person – How to Thrive When the World Overwhelms You, New York 1996

Aron, Elaine: The Highly Sensitive Person's Workbook, New York 1999

Aron, Elaine: The Highly Sensitive Person in Love – Understanding and Managing Relationships When the World Overwhelms You, New York 2000

Baron-Cohen, Simon: The Essential Difference, The Truth about the Male and Female Brain; New York 2003

Bryson, Bill: Notes from a Small Island, 1996, Black Swan, Great Britain

De Saint-Exupery, Antoine: Der Kleine Prinz, Düsseldorf 1996

Göckel, Renate: Brave Mädchen holt der Wolf, München 2000

Göckel, Renate: Warte nicht auf schlanke Zeiten, Stuttgart 2002

Goleman, Daniel: Emotionale Intelligenz, München 1996

Goleman, Daniel / Kaufman, Paul / Ray, Michael: Kreativität entdecken, München 1997

Gehirn und Geist – Das Magazin für Psychologie und Hirnforschung, 4/2003

Hamann, Brigitte: Elisabeth – Kaiserin wider Willen, München 1982

Harbour, Dorothy: Achtung, Energie-Vampire. Ein Praxisbuch für den psychischen Selbstschutz, München 2001

Hartmann, Thom: Eine andere Art die Welt zu sehen – das Aufmerksamkeits-Defizit-Syndrom. Lübeck 2003

Hofmann, Antje Gertrud: Hochsensible Kinder, Bielefeld 2002

Keyes, Marian: Under the Duvet, London 2001

Klein, Stefan: Die Glücksformel oder Wie die guten Gefühle entstehen, Reinbek 2002

Köhler, Henning: Von ängstlichen, traurigen und unruhigen Kindern – Grundlagen einer spirituellen Erziehung, Stuttgart 2001

Köhler, Henning: Schwierige Kinder gibt es nicht – Plädoyer für die Umwandlung des pädagogischen Denkens, Stuttgart 2001

Köhler, Henning: Vom Rätsel der Angst, Stuttgart 1992

Köhler, Henning: Was haben wir nur falsch gemacht? Kindernöte, Elternsorgen und die verflixten Schuldgefühle, Stuttgart 2000

Krech / Crutchfield / Livson: Elements of Psychology, 3rd edition, New York 1974

Laszlo, Ervin: Report des Club of Budapest, You can change the world, Ein praktischer Leitfaden, Stuttgart 2002

Merklin, Lily: Scheutraining für Pferde, Stuttgart 2003

Norem, Julie K.: Die positive Kraft negtiven Denkens, München 2001

Pauen, Michael / Roth Gerhard: Neurowissenschaften und Philosophie, München 2001

Reents, Edo: Thomas Mann, München 2001

Schad, Martha: Ludwig II., München 2000

Zehentbauer, Josef: Melancholie – Die traurige Leichtigkeit des Seins, Stuttgart 2001

Zentner, Marcel: Die Wiederentdeckung des Temperaments – Die Entwicklung des Kindes im Licht moderner Temperamentforschung und ihrer Anwendung, Paderborn 1993